혈 혈분으로!
기 기술낚시!
완 완!
성 성!

◀ 뜯는곳

낚시인을 위해 연구, 개발하는

KB202133

경원

오래오 글루텐
바늘에 오래오래!

OREO GLUTEN

한번 맛보면 계속 물고 싶은
고농축 血粉첨가!
뒷면 내용참조

혈분(血粉, Blood Meal)이란?

도축 및 도계 작업시 생산되는 동물의 혈액을 건조,
분쇄시킨 동물성 원료로 단백질 함량이 약 80%에 달하며
많은 아미노산을 포함하고 있어 좋은 먹이원이 됩니다.

(주)경원 F&B | KYONGWON F&B CO., LTD www.kyongwon.co.kr
충청남도 당진시 합덕읍 합덕산단4로 145호 TEL: (041)362-0001 FAX: (041)363-2784

달빛소류지가 검증한
남도 대물터로의 초대

〈드론으로 본 남도 대물터〉는 2025년 현재 최고 인기가도를 달리고 있는 유튜브 '달빛소류지' 진행자 홍광수 씨의 첫 저서입니다. 이 책은 지난 10여 년간 홍광수 씨가 낚시하고 촬영했던 곳 중 많은 월척과 4짜 붕어를 낚아낸 곳을 소개한 낚시터 가이드북입니다. 홍광수 씨가 직접 드론을 띄워 낚시터를 촬영했고, 정밀 사진 위에 포인트 위치, 수심, 주의사항, 낚시에 도움이 될 필수 항목을 입력했습니다.

낚시춘추 민물 필자이기도 한 홍광수 씨는 2025년 5월 현재 5만7천여 명의 구독자를 확보하고 있습니다. 50만, 100만 유튜버가 수두룩한 요즘에 '5만7천여 명이 많은 건가?' 하고 궁금해하실 분도 계시겠으나 그건 잘 몰라서 하는 말입니다. 붕어낚시는 매니아적 취미이다보니 구독자가 3만 명만 되도 A급 유튜버로 인정받습니다. 실제로 이름이 꽤나 알려진 유명 붕어낚시 유튜버들의 평균 구독자 수는 1~2만 명 수준입니다.

〈드론으로 본 남도 대물터〉는 제목에서 알 수 있듯 전남지역 낚시터를 중점으로 담았습니다. 전남은 명실상부한 국내 최고의 대물터가 몰려있어 낚시인들의 로망과도 같은 곳입니다. 특히 추운 겨울이 닥치면 전국 대부분 지역이 낚시가 불가능해짐에 따라 낚시인들의 남도 원정이 러시를 이룹니다. 더불어 그때가 되면 중부권에 지인을 둔 호남 낚시인들의 전화기는 불이 납니다. "도대체 어디로 가야 손맛을 볼 수 있느냐?"는 문의전화가 빗발치는 것이죠. 그러나 이제는 어디로 가야할지, 어디가 포인트인지 물어볼 필요가 없습니다. 바로 이 한 권의 책 〈드론으로 본 남도 대물터〉에 모두 담겨있기 때문입니다.

애초 〈드론으로 본 남도 대물터〉에 담으려고 한 낚시터는 100곳이었습니다. 요즘은 뭔가 소개만 했다 하면 100선을 꼽는 것이 유행이죠. 그러나 홍광수 씨의 생각은 달랐습니다. 다녀본 낚시터는 수백 곳이 넘지만 모두가 좋은 낚시터는 아니기 때문입니다. 저자 홍광수 씨는 "무리해서 영양가 떨어지는 곳까지 더해 100곳을 채우기보다는 확실하게 검증한 알짜터만 소개하는 게 독자들을 위하는 길이다"라고 말했습니다.

그 결과 이 책자에 소개한 낚시터는 저수지, 강, 간척호를 총 망라한 76곳으로 압축했습니다. 말 그대로 양 보다는 질! 누구나 쉽게 남도 대물을 만날 수 있는 값진 정보들이 이 책에 담겨 있습니다.

2025년 5월 30일
낚시춘추 **이영규** 편집장

Interview

유튜버 달빛소류지가 궁금하십니까?
Q&A로 알아보는 운영자 홍광수 인터뷰

유튜브 촬영 중 카메라를 조작하며 구도를 잡고 있는 홍광수 씨.

유튜브 달빛소류지 운영자 홍광수 씨는 1981년 광주광역시에서 태어났다. 홍광수 씨가 본격적으로 붕어낚시 세계에 입문한 것은 2008년 무렵. 이전까지는 친구들과 낚시터를 찾기는 했지만 낚싯대는 대충 던져놓고 삼겹살을 구워 먹는 데 더 즐거움을 느꼈다. 이후 주변에서 큰 붕어를 잘 낚아내는 전문가들을 본 후 '나도 대물 붕어낚시에 도전해보자'는 생각에 본격적으로 대물낚시에 입문했다. 따라서 입문 시기부터 냉철히 따지면 그의 조력은 17년에 불과하다. 그러나 홍광수 씨는 어느 누구보다 더 많은 대물을 낚아내며 유튜브 붕어낚시 방송의 최고 스타로 우뚝 섰다. 이처럼 낚시는 조력이 중요한 게 아니다. 동일 조력이라도 출조 횟수가 내공을 쌓는 데 기여한다. 더불어 얼마나 뜨거운 열정과 타고난 감각을 지녔는지가 중요하다는 점을 홍광수 씨는 입증하고 있다.

Q. 유튜브는 언제부터 하게 됐고 그 전에는 어떤 일을 하셨나요?

–2018년부터 시작했습니다. 이전부터 취미 삼아 사진도 찍고 영상편집도 했던 터라 낯설지는 않았습니다. 원래 직업은 영어학원 운영입니다. 2011년부터 광주광역시 진월동에서 YBM 잉글루를 운영 중이죠. 광주광역시 지점 중 최우수지점상을 여섯 번이나 탔을 정도로 학원도 잘 됐습니다. 유튜버로 전업한 것은 2022년부터이고 현재 학원은 아내가 전반적인 운영을 맡고 있습니다. 소문 중에는 제가 학원 문만 열고 닫는 '셔터맨'이었다는 얘기도 돌던데 낭설입니다. (웃음) 아내는 주로 강의를 맡고 경영과 관리 같은 총괄이 제 몫이었죠.

Q. 학원이 잘 됐는데 유튜버로 전업하게 된 이유는?

–대물낚시에 빠지고 나니 낚시가 더욱 하고 싶었습니다. 그래서 주중에 짬낚 2회, 주말에 1박2일 1회 등 시간이 허락하는 대로 낚시를 다녔죠. 그런데 아무래도 아내에게 눈치가 보이더군요. 학원 운영은 그런대로 잘 됐지만 자주 낚시를 다니다 보니 경비도 만만치 않았어요. 다행히 열심히 유튜브를 찍었더니 구독자와 수입이 동시에 늘기 시작했습니다. 그래서 아내에게 제안했죠. 유튜브 수입을 모두 주겠다. 대신 유튜버로 전업할 테니 학원을 맡아 달라구요. 지금은 아내의 전폭적 지원 하에 열심히 유튜브를 찍고 있습니다.

든든한 후견인 부인 윤이화 씨와 함께. 홍광수 씨는 광주광역시 진월동에서 YBM잉글루 영어학원을 운영 중이다.

유튜브 촬영 장비들. DSLR 카메라와 액션캠 등 촬영 때마다 4~5대씩을 사용하며 다양한 장면을 연출하고 있다.

홍광수 씨가 사용 중인 미라클스토리 전자찌.

Q. 영상을 보면 유달리 큰 고기를 잘 낚으시는 것 같습니다. 비결이 있다면?

-그런가요? 사실 그런 얘기는 자주 듣습니다. 그런데 방송을 안 내보내서 그렇지 꽝을 치는 날도 많습니다. 하지만 분명한 것은 그 어느 누구보다도 자주 출조하고 출조지 선정에 심혈을 기울이고 있습니다. 지금은 안 하고 있지만 과거에는 한 번 다녀온 낚시터에 대한 정보를 노트에 꼭 정리하곤 했습니다. 그 시기에 딱 맞는 낚시터를 압축하고 압축해 출조지를 선정하는 것이죠. 여기에 시시각각 조황을 전달해주는 지인들이 많습니다. 저 역시 그들에게 제가 낚시한 곳의 상황을 수시로 전달해주죠. 요즘 붕어낚시는 인터넷과 SNS로 조황을 파악합니다. 하지만 그보다 더 중요한 것은 인맥을 통한 실시간 정보입니다. 인터넷과 SNS 조황을 보고 가면 늘 뒷북이에요.

Q. 영상을 보니 받침대도 안 펴고 좌대 없이도 낚시하시던데요.

-제 낚시 스타일상 한 자리에 오래 머물며 낚시하는 것보다는 조황이 안 좋을 때마다 재빨리 판단해 낚시터를 이동하는 걸 좋아합니다. 그리고 앞쪽에 뗏장수초 등이 폭넓게 덮여있다면 그냥 그 위에 낚싯대를 얹어놓고 낚시합니다. 다소 볼품은 없지만 받침대 펴는 시간도 줄이고 고기를 걸거나 채비를 걷을 때 걸리적거리지 않아 좋습니다. 좌대도 마찬가지입니다. 낚시자리가 좋으면 굳이 좌대를 펼 필요가 없어요. 그런데 요즘

영암 학파1호지 유튜브 촬영 중 47cm 대물 붕어를 올렸다.

낚시인들은 형식 갖추는 것을 너무 좋아합니다. 좌대는 필수이고 낚싯대도 반드시 열 대 이상 펴야 낚시할 맛이 난다는 것이죠. 저는 그 시간에 더 자주 채비를 던져 넣고 포인트를 이해하고 분석하는 데 힘씁니다. 포인트 외형만 보고 '대공사'를 해놓으면 나중에 문제가 발견되어도 쉽게 옮기지 못합니다.

Q. 붕어낚시 유튜버 중 스폰서가 가장 많은 걸로 압니다. 수입은 어느 정도인지요.

–2025년 5월 현재 10곳 정도에서 스폰을 받고 있습니다. 메인 스폰서는 천류와 경원F&B, 미라클스토리입니다. 그 외에 동일레져, FOP 미라클, 화이트웨이브, 한돌, 윤공방, 필라이존 등이 스폰서입니다. 수입은 하절기와 동절기의 격차가 크게 나는데 월평균으로 보면 평균 400만원대라고 볼 수 있습니다. 웬만한 직장인 월급 정도는 나오는 편입니다만, 한 달 내내 촬영 다니며 쓰는 경비를 감안하면 결코 많은 금액은 아닙니다.

천류 필드스탭 팀장 김중석(왼쪽) 씨와 함께 나주 장등지에서 올린 월척을 자랑하는 홍광수 씨. 김중석 씨는 드론으로 본 남도 대물터에 들어갈 낚시터 자료 사진과 도움말 제공에 큰 역할을 했다.

Q. 붕어낚시 유튜브를 시작하거나 계획 중인 낚시인에게 해주고 싶은 조언이 있다면?

–정말 중요한 조언입니다. 일단 본인만의 특색이 있어야 합니다. 현재 붕어낚시 유튜브 시장은 과열돼 있고 방송 내용도 비슷비슷해 우열을 가리기 어렵습니다. 이럴 때일수록 개성 넘치는 특색이 있어야 합니다. 예를 들어 소문 안 난 오지만 찾아다니는 탐사낚시를 다루던지, 입담이 엄청 좋아 보는 내내 시청자를 웃음짓게 만들던지, 영상미가 정규방송 수준으로 아름답던지 그것도 아니면 낚시를 엄청나게 잘하던지 해야 되는 것이죠. 천편일률적인 기승전결만으로는 요즘 시청자들을 만족시키기 어렵습니다.

홍광수 씨가 애용하는 천류의 운명 낚싯대. 홍광수 씨는 천류의 미디어스탭으로 활동 중이다.

Contents

동영상 QR코드

※ 드론으로 본 남도 대물터에 소개한 낚시터들은 차후 다양한 이유로 낚시가 어려워질 수도 있습니다. 변동 상황과 정보는 첨부한 큐알 코드를 통해 알려 드립니다.

홍광수 씨의 대물 떡밥 레시피

이 두가지면 충분합니다!
어분옥수수글루텐6+오래오글루텐이 필승조합

저자 홍광수 씨가 자연지 대물낚시에 애용하는 경원F&B의
어분옥수수글루텐6와 오래오글루텐을 보여주고 있다.

홍광수 씨가 대물 붕어낚시에 즐겨 쓰는 떡밥은 경원F&B 제품이다. 그중 90% 이상이 어분옥수수글루텐6과 오래오글루텐 조합이다. 어분옥수수글루텐6은 풀림이 빠르고 토종붕어가 좋아하는 어분과 옥수수 성분이 함유돼 집어력이 뛰어나다. 반죽 시 어느 정도 점도가 있어 바늘에 잘 달라붙지만 물과 접촉 후 바닥에 닿으면 빠르게 풀린다. 오래오글루텐은 고농축 혈분이 들어간 글루텐 떡밥으로 경원F&B 제품 중 강력한 점력을 자랑한다. 홍광수 씨는 이 두 제품을 상황에 맞춰 적절히 혼합해 떡밥 점도를 조절하고 있다. 아래에 소개하는 레시피는 계절, 장소를 가리지 않는 홍광수 씨의 필승조합이다.

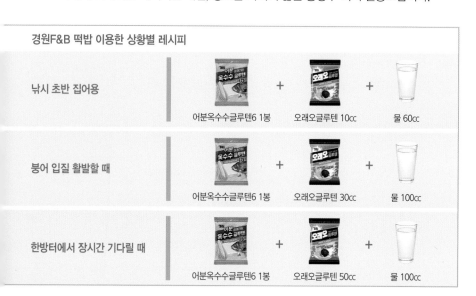

경원F&B 떡밥 이용한 상황별 레시피

낚시 초반 집어용	어분옥수수글루텐6 1봉	+	오래오글루텐 10cc	+ 물 60cc
붕어 입질 활발할 때	어분옥수수글루텐6 1봉	+	오래오글루텐 30cc	+ 물 100cc
한방터에서 장시간 기다릴 때	어분옥수수글루텐6 1봉	+	오래오글루텐 50cc	+ 물 100cc

1 붕어도시락 떡밥 그릇에 오래오글루텐을
  붓고 있는 장면.
2 어분옥수수글루텐6와 오래오글루텐을
  섞어 만든 떡밥.
3 영암학파1호지에서 어분옥수수글루텐6
  와 오래오글루텐을 섞어 만든 떡밥으로
  올린 47cm 붕어.
4 영암 학파1호지에서 대물 붕어를 공략 중
  인 유튜브 달빛소류지 운영자 홍광수 씨.
5 홍광수 씨가 애용 중인 붕어도시락 떡밥
  통.

Part 1

장성 담양 곡성

- 장성 수명지
- 장성 요월정원림
- 장성 학동지
- 장성 황룡강 황룡대교~동화천

- 담양 비아지
- 담양 영산강 남산리보
- 담양 오례천 3대 홈통
- 담양 오례천 대추교 일대
- 담양 오례천 봉서교 일대
- 담양 운암지
- 담양 행성지

- 곡성 무창지
- 곡성 백련지
- 곡성 옥과천 신수교
- 곡성 입석지
- 곡성 황산지

장성 수명지

- 봄 산란기와 여름 배스 후 오름수위 때 호황
- 블루길 성화 심해 옥수수를 주요 미끼로 사용
- 중류와 상류로 포인트 한정
- 수초제거기와 낫 등으로 포인트 개척할 필요 있음

3m

1.5~1.6m

1.5~1.6m

1.5~1.6m

2.5~3m

2.5~3m

1.5~1.8m

1 수몰나무 사이를 노린 대편성.
2 수몰나무 사이를 노려 월척을 낚은 필자.
3 드론으로 촬영한 상류권.

내동마을

• 낚시터 프로필

장성 수명지는 규모는 작지만 필자가 뽑는 남도에서 가장 아름다운 저수지이다. 배스와 블루길 같은 외래어종 외에 떡붕어도 서식하는 계곡 소류지로 상류 수몰나무 포인트에 대를 펴고 새 소리를 듣고 있으면 조과에 관계없이 '이게 바로 힐링이구나'라는 생각을 갖게 된다. 단점이라면 최상류 수몰나무 지대와 중류권 몇몇으로 포인트가 한정된다는 점이다. 나머지 구간은 경사가 급하고 수심도 깊어 낚시 여건이 나쁘다. 또 산란기와 여름철 오름수위 때 딱 두 시기에만 좋은 붕어를 만날 수 있다는 점도 아쉽다. 외래어종이 서식하지만 잔챙이 붕어도 제법 낚이며 월척 이상급도 마릿수로 올릴 수 있다. 보통 4월부터 상류 수몰나무지에서 입질이 시작되며 밤새 월척부터 4짜까지 1~3마리를 목표로 찾고 있다.

• 기본 정보

위치: 전남 장성군 북이면 수성리
만수면적&준공연도: 9천평/1945년
주요 시즌: 4월 산란기와 여름 장마철 오름수위 때 호황을 보인다.
평균 씨알: 잔챙이부터 월척까지 주로 낚이고 산란기와 오름수위 때는 4짜급도 기대할 수 있다.
외래어종&잡어: 배스와 블루길이 서식한다.

• 추천 미끼

블루길 성화가 있어 옥수수를 주로 사용하며 잡고기가 안 덤빌 때는 글루텐도 잘 먹힌다.

• 참고할 점

배수가 됐다가 큰 비가 와 물이 차오를 때는 월척급이 마릿수로 낚인다. 블루길 성화는 여름부터 시작된다. 아침 입질은 적은 편이므로 밤샘낚시에 집중할 필요가 있다.

내비 입력: 장성군 북이면 수성리 685-3

장성 요월정원림

작은 다리 아래는
붕어 씨알 작고
낚시 여건도 나쁨

1.5m로 수심 일정

급경사. 둑 위에서
낚시하거나 아래 쪽에
좌대 설치 필수

1 요월정원림에서 낚은 허리급 붕어.
2 요월정원림 포인트에서 붕어를 끌어내는 장면.

- 요월정 포인트의 낚시구간은 약 350m. 하류 다리를 기점으로 아래로 내려가면 씨알이 작아지고 물길도 좁아져 낚시 분위기가 나지 않는다.
- 요월정 포인트는 절벽과 바위, 소나무 그리고 바로 옆 공원까지 있어 경치가 빼어나다.
- 차 대고 바로 낚시가 가능하며 큰 붕어까지 많다.

요월정원림

1.5m로 수심대 일정

공원

공원 내에서는 낚시금지

P

• 낚시터 프로필

장성 요월정원림은 1985년 전라남도 기념물로 지정된 정각과 배롱나무, 노송숲으로 이루어진 곳이다. 요월정원림 바로 앞으로 작은 물줄기가 흐르는데 낚시인들은 이곳을 요월정 포인트라고 부른다. 이 물줄기는 요월정에서부터 700m 하류로 내려가 동화천과 만나고, 또 500m 더 내려가 황룡강과 합류한다. 봄, 여름. 가을 모두 낚시가 가능하지만 주의할 것은 여름에 발생하는 개구리밥이다. 한쪽에 차곡차곡 쌓여있던 개구리밥이 바람을 타고 이동하며 낚시를 방해한다.

• 기본 정보

위치: 전남 장성군 황룡면 황용리
주요 시즌: 봄 산란기 무렵이 최고의 피크. 대체로 겨울을 제외한 여름부터 가을까지 꾸준하게 낚시를 할 수 있다.
평균 씨알: 주종은 8치 전후이며 턱걸이부터 허리급까지 다양하게 낚인다. 4짜도 낚인 적 있다.
외래어종&잡어:배스와 블루길이 서식하며 살치도 미끼를 건든다. 생미끼를 쓰면 자라와 장어도 가끔 걸려든다.

• 추천 미끼

글루텐에 마릿수 재미가 좋은 곳이었으나 외래어종이 늘어나면서 옥수수 미끼가 보편화됐다.

• 참고할 점

평균 수심은 1.5m 내외로 비슷하며 큰 비가 온 후에는 흐름이 생기고 수위에도 변동이 생긴다. 주 입질 시간은 해질녘부터 밤 11시경까지다. 이후 소강상태를 보이다가 새벽 2~4시 사이에 4짜 확률이 높다. 동틀 무렵도 노려볼만하다. 인근에 공원과 화장실이 있어 가족낚시터로도 좋다.

내비 입력: 요월정원림을 입력하면 된다.

장성 학동지

전원면소재지 방면

P

1~1.5m

1~1.5m

1~1.8m

2m

최상류권이 가장
유력한 포인트.

도로변 포인트는
평균 수심 2m.

2~2.5m

제방 좌안 하류는 배수가 많이 됐을
때 유력한 포인트. 가는 길이 험해 도
보 이동이 다소 어렵다.

1 물 빠진 학동지 상류에 대를 편 낚시인들.
2 채집망에 들어온 납자루. 학동지 최고의 대물 미끼이다.

- 굵은 씨알을 골라 낚기 위해서는 납자루, 참붕어, 피라미 미끼가 필수이다. 일찍 도착해 밤새 쓸 양을 확보하거나 채집이 안 될 경우를 대비해 다른 곳에서 채집해 갈 필요가 있다.
- 학동지에는 떡붕어 자원도 많아서 하류권 길가나 제방에서 내림낚시를 하는 사람도 많다.

• 낚시터 프로필
계곡지형 소류지인 학동지는 외래어종이 없는 토종 터다. 잔챙이 붕어가 엄청나게 많은 곳이지만 요령을 잘 알면 4짜 붕어도 만날 가능성이 높다. 4주 연속 출조해 4짜를 만난 적이 있을 정도로 대물 자원은 풍부하다. 잔챙이 붕어가 많기 때문에 글루텐이나 부드러운 옥수수 사용은 금물이다. 거의 전역에서 낚시가 가능하지만 가장 추천할만한 포인트는 상류이다. 중류권은 수심이 깊어 주로 배수가 많이 됐을 때 낚시 여건이 좋아진다. 봄에는 밤낚시 후 아침장도 노려볼만하다. 그 외의 계절에는 초저녁에 가장 입질이 활발하며 그 다음은 새벽 2~3시경이다. 특히 새벽에 4짜가 잘 걸려든다.

• 기본 정보
위치: 전남 장성군 진원면 상림리
만수면적&준공연도: 1만2천평/1947년
주요 시즌: 계곡지인 관계로 4월 중순부터 시즌이 시작된다. 그때 4짜급이 자주 낚이고 배수 직전까지 이어진다. 배수가 끝날 무렵이 되면 다시 조황이 살아난다. 대체로 4~5월, 9~10월이 학동지의 피크 시즌이다.
평균 씨알: 6~7치급이 많으며 그 사이에서 허리급부터 4짜 붕어가 올라온다.
외래어종&잡어: 외래어종은 없다.

• 추천 미끼
씨알 선별력이 가장 좋은 미끼는 납자루-참붕어 순이며 새우는 잔챙이 성화를 견디지 못한다. 옥수수를 쓴다면 가급적 크고 딱딱한 것을 두 알 이상 꿰는 게 좋다.

• 참고할 점
딱히 눈에 띄는 수초는 없기 때문에 마름이 자라있다면 마름 주의를 노리는 게 좋다.

내비 입력: 장성군 진원면 상림리 312

장성 황룡강 황룡대교~동화천

요월정원림

동화천은 마릿수
준척터이며 턱걸이부터
월척까지는 가능

봉덕교

동화천

차 내려가는 곳

차 내려가는 곳

80cm~1m

맹탕이지만 큰 붕어
한 번씩 붙는 곳

80cm~1.2m

봄에는 줄풀 새순 옆에 채비를 붙이
면 유리, 여름부터는 땟자수초 언저
리, 마름 옆에서 입질 활발

봉덕마을 보

1 동화천 합수머리 부근에서 붕어를 끌어내는 장면.
2 발판이 시멘트 구조물이라 낚시 여건이 좋은 구간이 많다.
3 황룡강에서 허리급 월척을 올린 낚시인.

황룡강 경비행장
포인트

차 내려가는 곳

4.4칸 이상 긴 대가
유리

황룡대교

황룡대교 바로 밑은
조황 떨어짐.

긴 대로 큰 나무 주변
노리면 유리.

• 낚시터 프로필

황룡강에는 수많은 낚시 포인트가 있지만 그 중에서도 차에서 포인트가 가깝고, 대물 자원이 많으며, 2024년 이후 가장 조과가 핫했던 곳은 황룡강대교 ~동화천 사이 구간이다. 황룡강 포인트마다 대부분 이름이 붙어있는데 소개하는 황룡대교~동화천 구간은 딱히 정해진 이름은 없다. 다만 인근에 봉덕마을이 있어서 '봉덕마을 포인트' 철탑 있어서 '철탑 포인트' 동화천과 합류되는 곳이라 하여 '동화천 합류부' 등으로 불린다. 소개하는 구간은 강 폭이 넓고 동화천과도 합류되며, 하류 보 수문을 완전히 여는 경우가 적어 조황이 고른 것이 아닌가 추측된다. 하류에서 상류를 봤을 때 좌안 쪽에 포인트가 많고 낚시도 잘 되며 붕어 씨알도 굵게 낚인다.

• 기본 정보

위치: 전남 장성군 황룡면 황룡리
주요 시즌: 4월부터 5월 말까지가 최고의 피크이며 그때는 밤, 새벽, 오전 모두 입질이 활발하다. 6월로 접어들면 조과가 떨어지며 씨알도 잘아진다. 잔챙이 성화 중에 가끔 대물이 나오기는 한다.
평균 씨알: 봄에는 허리급부터 4짜까지가 흔하게 낚인다. 여름으로 접어들면 7~9치도 많이 낚이며 대물은 귀해진다.
외래어종&잡어: 배스와 블루길이 서식하고 있다.

• 추천 미끼

주로 사용하는 미끼는 글루텐이며 그 다음으로 옥수수가 잘 먹힌다. 옥수수는 늦봄부터 가을 사이에 주로 사용한다.

• 참고할 점

무더운 여름에는 부진하다가 9월 들어 찬바람이 불면서 조황이 살아나지만 기복 또한 심해진다. 어떤 날은 월척부터 허리급까지 마릿수로 낚이다가도 어떤 날은 한방터처럼 종일 입질이 없는 경우도 있다. 어떤 시기이든 새벽과 아침에는 입질이 들어오니 집중할 필요가 있다.

내비 입력: 황룡대교 입력 또는 장성군 황룡면 황룡리 19-1

담양 비아지

1.5~1.7m

1.8~2m

1.8~2m

1~1

2~2.5m

2~2.5m

1 각종 수초로 뒤덮인 비아지 상류.
2 비아지에서 올린 허리급 대물을 보여주는 필자.
3 다양한 수초가 밀생한 비아지.

봄에 낚시인이 몰리면 트랙터로 막아둘 때가 있다.

• **낚시터 프로필**

비아지는 최대 5짜까지 배출한 담양을 대표하는 대물낚시터다. 외래어종으로 배스와 블루길 잉어가 많은 영향으로 매년 봄마다 4짜 후반급이 속출하고 4짜는 흔하게 볼 수 있다. 비아지는 바닥에서 말풀이 많이 올라와 깔끔한 바닥을 찾는 것이 관건이다. 입질은 시원한 편이며 대물 붕어라도 체고가 우락부락하지 않고 균형 잡힌 몸매라는 점이 특이하다. 최고의 피크는 4~5월이며 산란기답게 입질 피크는 밤보다는 아침이다. 따라서 봄에는 오전 11시까지는 자리를 지킬 필요가 있다. 여름에 소강상태에 돌입했다가 가을에 시원한 바람이 불기 시작하면 다시 입질이 시작된다. 이때는 턱걸이 월척과 함께 허리급 위주로 낚이는 게 상례이다. 봄에는 상류가 유리하지만 가을에는 제방에서 마름을 작업해 월척을 마릿수로 낚기도 한다.

• **기본 정보**

위치: 전남 담양군 봉산면 기곡리
만수면적&준공연도: 1만2천평/1945년
주요 시즌: 4~5월 봄 시즌과 찬 바람이 불기 시작하는 9월 중순 이후가 좋다.
평균 씨알: 8~9치급이 마릿수로 낚이며 허리급부터 5짜까지 낚인다.
외래어종&잡어: 배스와 블루길이 서식한다.

• **추천 미끼**

대물을 노린다면 옥수수를 추천한다. 글루텐을 쓰면 대물 잉어가 달려들어 채비를 망칠 때가 있다.

• **참고할 점**

봄에는 낚시인이 몰리다보니 제방 우측 입구를 농민이 트랙터로 막아놓을 때가 많다. 이때는 짐을 들고 이동해야 한다. 마름이 다른 낚시터보다 일찍 생겨 5월 중순만 되어도 곳곳에서 새순이 올라온다. 여름에 큰 비가 온 후 흙탕물이 지면 호황이 잠잠해진다.

내비 입력: 담양군 봉산면 기곡리 49

담양 영산강 남산리보

마름이 많아지는 시기에 특급 포인트

80~90cm

80

주차 후 상당 거리 걸어가야 하지만 기복 없이 잘 나오는 구간

걸가에 바짝 붙여 주차

1~1.2m

1~1.2m

남산리마을

길가에 바짝 붙여 주차

1~1.2m

영산강

1~1.2m

봄 산란기 명당

1 여름이 되면 다양한 수초도 뒤덮이는 수면.
2 영산강 남산리보에서 올린 38cm 붕어.
3 수초가 삭아 내린 봄에 붕어를 노리는 장면.

- ## 낚시터 프로필

담양 병풍산에서 발원한 영산강은 우리나라 4대강에 속한다. 그만큼 물줄기가 긴 강이며 그에 걸맞게 붕어 자원이 풍부하고 포인트도 많다. 영산강 줄기 중 담양권에 속하는 곳에는 낚시하기 좋은 3개의 보가 있는데 남산리보, 개동리보, 황금리보가 대표적이다. 그리고 이 3개의 보 중 가장 붕어가 잘 나오고 대물 자원도 많으며 현지인들이 최고로 꼽는 포인트는 남산리보다. 주요 포인트는 남산리 마을 연안이며 봄부터 가을까지 꾸준한 조황을 보여준다. 주차 후 약간 걸어야 하지만 아주 힘든 정도는 아니다. 가장 씨알이 굵게 낚이는 계절은 단연 봄 산란기이며 수초가 삭아드는 가을에도 마릿수 조과가 좋다. 씨알은 중치급부터 4짜까지 다양하며 봄에는 떼월척 조과가 빈번하다.

- ## 기본 정보

위치: 전남 담양군 수북면 남산길
주요 시즌: 봄부터 가을(3월부터 11월)까지 꾸준하게 입질이 온다. 여름에는 수초가 밀생해 수초제거 작업이 필수이다. 한여름에는 새벽에 입질이 집중될 때가 많다.
평균 씨알: 8~9치급부터 월척, 4짜까지 고루 낚인다.
외래어종&잡어: 배스와 블루길이 서식하고 있다.

- ## 추천 미끼

영산강에서는 글루텐과 옥수수가 잘 먹힌다. 그날그날에 따라 두 미끼 중 유독 잘 먹히는 게 있으니 두 미끼를 함께 써보는 것이 좋다.

- ## 참고할 점

주 입질 시간은 오후 4시경부터 초저녁까지. 이후로는 뜸하다가 밤 10시경 한 번 더 입질이 들어올 때가 있다. 이후로는 아침장에 활발한 입질이 들어온다.

내비 입력: 담양군 수북면 남산길 63(보 좌측 연안), 담양군 봉산면 대추리 1239-1(보 우측 연안)

담양 3대 강변 홈통

N

큰보

P

1~1.2m

1~1.2m

60~80cm

P

마항리사무소 방면

오례천

1 증암천 홈통에서 붕어를 올린 필자.
2 영산강 삼지리 황금리보에서 거둔 마릿수 조과.
3 드론으로 본 영산강 삼지리 황금리보 포인트.

영산강

• 낚시터 프로필

소개하는 영산강 황금리보, 증암천 홈통, 오례천 합류부 홈통은 담양읍에서 가까워 차를 타고 돌면 15분이면 포인트에 도착할 수 있다. 오례천 합류부 홈통과 증암천 홈통은 둘 다 영산강과 합류되는 지점에 있어 큰 비가 오거나 봄 산란기가 되면 큰 붕어들이 빨리 올라붙는다. 가장 하류에 있는 봉산면 삼지리에 있는 영산강 본류의 황금리보 또한 매년 봄과 장마철에 대물을 기대할 수 있다.

• 기본 정보

위치: 전남 담양군 봉산면 신학기/와우리/삼지리
주요 시즌: 매년 봄 산란기가 최고의 시즌이다. 보통 3~5월 사이에 피크를 맞는다.
평균 씨알: 8치급에서 허리급까지 다양하다. 봄에는 월척을 전후한 씨알을 마릿수로 올릴 수 있다.
외래어종&잡어: 배스와 블루길이 서식한다.

• 추천 미끼

봄에는 지렁이가 단연 유리하다. 자리에 따라서는 글루텐도 잘 먹기 때문에 두 미끼를 고루 써보는 게 좋다.

• 참고할 점

세 곳 모두 가까우니 조황을 확인한 뒤 낚시터를 선정하는 게 좋다. 봄에는 물색 차이가 많이 나므로 물색을 우선적으로 중시하는 게 필수다. 낚시인이 없더라도 잠시 수초를 주시하면 수초 주변에서 꿀렁이는 움직임이 보이는데 이 움직임을 보고 자리를 잡아도 괜찮다.

• 오례천 합류부 홈통

뗏장수초가 많은 포인트로 붕어 산란 여건이 뛰어나다. 하류쪽 보 안에 있던 영산강의 큰 붕어들이 산란기가 되면 대거 몰려드는 곳이다. 봄 피크는 3월부터 6월 초까지다. 봄에는 밤보다는 낮낚시가 잘 된다. 봄에 낚이는 주 씨알은 준척급부터 4짜까지 다양하다. 주차 장소에서 포인트까지 거리가 50m 정도로 멀지만 뛰어난 조과 덕분에 인기가 높다.

내비 입력: 담양군 봉산면 신학리 296-4

• 증암천 홈통

영산강과 합류하는 증암천의 최하류 보 인근 홈통이다. 증암천의 대표적인 봄붕어 산란장으로 3월 초부터 붕어들이 올라붙기 시작한다. 해걸이 현상으로 조황이 부진할 때도 있지만 한 번 붕어가 붙으면 허리급으로 떼고기 조과가 빈번하다. 봄에는 뗏장수초 주변을 노리는 것이 유리하다. 반드시 봄이 아니더라도 큰 비가 올 때 강한 물 흐름을 피해 들어오는 월척붕어들을 만날 수 있다.

내비 입력: 담양군 봉산면 와우리 688-3

• 영산강 삼지리 황금리보

매년 3월부터 5월 말까지 조황 기복없이 봄붕어낚시가 이루어지는 곳이다. 강낚시터이지만 의외로 밤
낚시도 잘 된다. 떼월척은 물론 4짜급 출몰도 잦은 곳으로 유명하다. 뗏장수초 주변에 찌를 세울수록
입질 확률이 높다.

내비 입력: 담양군 봉산면 삼지리 220-13

삼지마을

산란이 한창일 때는 가장 안쪽까지도
큰 붕어가 들어온다. 그러나 산란 특수가
지나면 가장 안쪽은 조황이 떨어진다.

80cm~90cm

80cm~90cm

1~1.2m

담양 오례천 대추교 일대

887번
지방도

최고 인기 구간

80cm~1.2m
장대를 쓸수록 월척급
출현 확률 높은 구간

80cm~1m

대추교

연안에서 섬 가까이 붙일수록 입질
확률 높다. 섬 연안 수심은 60~90cm

1.2~1.3m   1~1.2m

80cm~1m

1 대추교에서 올린 허리급 붕어를 보여주는 필자.
2 까칠한 비늘이 특징인 돌붕어.
3 대추교 하류에 있는 일명 도시어부 포인트. 토사가 쌓인 이후 조황이 저조해졌다.

• 낚시터 프로필

오례천 대추교 포인트는 오례천에서 4짜가 가장 많이 낚이는 포인트다. 한때는 제월리 포인트와 일명 도시어부 포인트가 우세했지만 그 두 곳은 시간이 갈수록 잡어가 늘어나고 토사가 쌓이면서 명성이 수그러들었다. 하류 영산강과의 합수지점에서 약 1.8km 상류에 있는 곳으로 과거에는 주차가 큰 문제였으나 대추교와 서봉교 부근에 차량 교차점이 생기면서 주차난이 해소되었다. 돌붕어의 경우 보기 드문 4짜까지 자주 선보이며 봄부터 가을까지 꾸준히 낚시가 되는 점도 장점이다. 이곳은 양 연안에서 중심에 있는 섬 가까이 채비를 붙일수록 입질 확률이 높고 씨알도 굵은 편이다. 대추교 밑 보 일대도 4칸 이상의 긴 대를 쓸 수록 입질 확률이 높다.

• 기본 정보

위치: 전남 담양군 봉산면 대추리
주요 시즌: 3월 봄 시즌에 씨알이 탁월하다. 여름에도 꾸준한 입질이 들어오며 수초가 삭는 11월까지 호황이 이어진다.
평균 씨알: 25~28cm급 중치급과 허리급까지 고르게 낚인다.
외래어종&잡어: 배스와 블루길이 서식하고 있다.

• 추천 미끼

글루텐에 가장 입질이 활발하다. 허리급 이상의 굵은 씨알은 옥수수에 잘 낚인다.

• 참고할 점

3월부터 11월까지 꾸준하게 낚시가 잘 되며 주차 공간도 많은 오례천 최고의 인기 포인트다. 더 상류에 있는 봉서교 일대와 달리 밤낚시도 잘 되는 편이다.

내비 입력: 봉산면 대추교 또는 담양군 봉산면 대추리 446-6

담양 오례천 봉서교 일대

N

급경사 지역

봉서교

1~1.2m

1~1

← 상류

긴 대를 펼수록 얕아진다

0.8~1m

밭 훼손 유의

P

P

P

P

1 수위가 안정된 상태의 봉서교 하류 보 포인트.
2 마름 사이에서 입질을 받아내고 있는 장면.
3 오례천에서 낚은 돌붕어. 비늘이 까칠한 게 특징이다.

긴 대를 펼수록
수심은 얕아진다.

하류 →

0.8~1m

• 낚시터 프로필

오례천은 영산강으로 흘러드는 지방하천이다. 상류로부터 봉서교 포인트, 제월교 도시어부 포인트, 대추교 포인트, 오례천 마지막 보의 일명 제월리 포인트가 있다. 한때 핫했던 도시어부 포인트와 제월리 포인트는 2020년 이후 몇 년간 붕어가 제대로 나오지 않아 제외하고 조황이 꾸준했던 봉서교 포인트와 대추교 포인트만 소개한다. 봉서교 포인트는 하류 보의 수문 개폐가 조황의 변수이다. 보 수문이 완전히 닫혔을 때 붕어의 입질이 활발해진다. 보 수문이 닫혀 물 흐름이 멈추고 말풀과 마름이 확산됐다면 물색이 맑아도 조황이 나온다. 오례천에는 비늘이 까칠한 일명 돌붕어가 나오는데 색상이 황금색이라 황금 돌붕어라고도 불린다. 밤보다는 낮에 입질이 활발한 편이며 최고의 피크 시간은 해질녘이다. 밤이라고 씨알이 더 굵어지지는 않는다.

• 기본 정보

위치: 전남 담양군 무정면 영천리
주요 시즌: 가장 입질이 활발한 시기는 4월부터 5월이다. 말풀이 수면에서 보일 정도로 자랐을 때와 마름이 수면에 막 퍼질 무렵이다. 수초가 삭기 시작하는 가을에도 입질이 활발하다.
평균 씨알: 주종은 8치급부터 턱걸이급이며 큰 놈은 허리급까지 낚인다.
외래어종&잡어: 배스와 블루길이 서식하고 있다.

• 추천 미끼

글루텐과 옥수수가 보편적으로 쓰인다. 글루텐에는 입질이 빠르고 씨알은 옥수수에 굵게 낚인다.

• 참고할 점

수초 없는 깔끔한 곳보다는 말풀과 마름이 혼재해 약간 지저분해 보이는 곳에서 조황이 좋다. 보 수문을 반쯤 닫았을 때는 수심이 너무 얕아지므로 물색이 확실하게 좋을 때만 낚시하는 게 바람직하다.

내비 입력: 담양군 무정면 영천리 218-2

담양 운암지

새물유입

1.8~2.5m

1.8~2.5m

연안 쪽으로 마름 밀생

1.8~2m

수중 모래톱

1.8~2m

수중 모래톱

1.8~2m

2~2.5m

2~2.5m

새물유입

← 순천 방면

1 갈수로 수위가 줄어든 운암지.
2 운암지 제방권의 수몰나무지대.

- 좌안 호남고속도로 아래가 대물 포인트로 인기가 높다. 하절기에는 좌안 연안과 제방권 중심부를 따라 마름이 밀생한다.

갈수기 포인트   무넘기

2.5~3m

2.5~3m

마름 밀생

제방으로 차량
통행 절대 금지

2.5~3m

1.5~2m

P

호남고속도로

• 낚시터 프로필

담양군 대덕면 운암리에 있는 3만평 규모의 준계곡형지다. 붕어낚시터 보다 배스낚시터로 더 잘 알려진 곳으로 배스 낚시인들에게 인기가 높다. 그만큼 담양군에서 5짜 붕어가 낚일 확률이 가장 높은 곳이지만 워낙 터가 세 붕어낚시인들은 좀처럼 찾지 않는다. 만약 허리급도 관심 없고 무조건 4짜 이상의 대물만 노리고 싶다면 운암지를 목표로 삼아도 좋을 것이다. 2024년 늦여름부터 허리급 붕어와 4짜 붕어가 마릿수로 낚이기 시작했다. 좌안 중간 지점 도로변에 본부석 자리가 있어 행사를 치르기에도 좋은 곳이다.

• 기본 정보

위치: 전남 담양군 대덕면 운암리
만수면적&준공연도: 9천평/1945년
주요 시즌: 본격 시즌은 여름 장마 이후 물색이 탁해졌다가 맑아질 때로 이때 가장 좋은 조황을 보여준다. 연안에 밀생한 마름수초 밑은 붕어의 은신처가 되며 자연적으로 형성된 마름 포켓을 노리면 잦은 입질을 볼 수 있다.
평균 씨알: 35~45cm, 종종 5짜가 섞여 낚인다.
외래어종&잡어: 블루길, 배스 외에 살치가 서식한다.

• 추천 미끼

글루텐 떡밥이 가장 보편적으로 사용되며 장마철 오름 수위 때는 지렁이도 잘 먹힌다.

• 참고할 점

상류 금산과 연산에서 흘러드는 수량이 풍부하다. 그러나 가을에는 폭우를 대비해 저수율을 낮게 관리한다. 그러므로 가을에는 제방권도 포인트가 되며 좌대나 발판은 필수적이다. 흐린 날은 낮낚시가 유리하며 보편적으로 밤낚시가 잘 된다. 특히 해질녘과 이른 아침에 입질이 잦다.

내비 입력: 담양군 대덕면 운암리 386

담양 행성지

다회림식물원

급경사라 좌대 필수 구간

2~2.5m

1.5~1.8m

낚시자리 위에 나무가 있어 약간의
배수가 이루어져야 낚시 편함

1.5~1.8m

2~3m

2~3m

제방권에서도 낚시 가능

행성리마을

1 행성지 좌안에 자리를 잡은 필자.
2 필자가 행성지에서 올린 4짜 붕어.
3 수심이 깊은 행성지 도로변 포인트.

배수가 되어야
자리 나오는 구간

- **낚시터 프로필**

물이 맑은 행성지는 2024년에 5짜를 배출한 담양
의 인기 한방터다. 주간에는 블루길 성화가 심하고
수심까지 깊은데 바닥에서 말풀까지 올라와 채비
안착이 어려운 포인트가 대부분이다. 시간이 갈수록
터가 세지고 있어 붕어 얼굴 보기가 쉽지 않은 곳이
지만 걸면 대물이기 때문에 대물 낚시인들의 도전
이 계속되고 있다. 특히 행성지 붕어는 황금색을 띠
거나 진한 어두운 체색을 보유해 보는 것만으로도
흥분이 된다. 체고까지 우람해 4짜만 되도 감탄사가
절로 나온다. 행성지는 해마다 말풀 바닥의 변화가
있다. 어떤 해에는 말풀 밀생이 심했던 곳이 깨끗해
지기도 하고 반대로 없던 곳에 밀생하기도 한다. 따
라서 예전 기억에만 의지하지 말고 낚시 전 바닥을
세심히 짚어볼 필요가 있다.

- **기본 정보**

위치: 전남 담양군 대전면 병풍리
만수면적&준공연도: 1만7천평/1995년
평균 씨알: 35cm 이상 허리급부터 4짜급이 주류.
주요 시즌: 초봄보다는 수온이 오른 5월 후반부터
입질이 시작돼 11월까지 시즌이 지속된다.
외래어종&잡어: 배스와 블루길이 서식하고 있다.

- **추천 미끼**

글루텐과 옥수수에 모두 입질이 활발하다. 글루텐에
입질은 빠르다.

- **참고할 점**

행성지 붕어는 찌올림이 좋고 너무 긴 장대보다는
4.8칸 미만의 낚싯대 거리에서 입질이 잦다. 배수가
되다가 멈춘 이후에 특히 낚시가 잘 된다. 초저녁에
입질이 활발하고 아침장에는 입질이 뜸하다. 대물을
노린다면 밤샘낚시를 추천한다.

내비 입력: 담양군 대전면 병풍리 53-1

곡성 무창지

1~1.2m

1~1.2m

0.8~1m

0.8~1m

1~1

1 무창지 제방권을 공략 중인 낚시인들.
2 무창지에서 올라온 붕어들.

• 여름에는 연이 밀생하지만 물속에 붕어 말과 같은 침수수초가 거의 없어 바닥이 깨끗하다. 그 결과 여름에도 몇 줄기의 연 만 제거하면 낚시할 수 있다.

제방에도 연은 있으나 수심이 깊고 연이 듬성 듬성 자라 있어 낚시가 수월하다.

1.2~1.5m

1.2~1.5m

Ⓟ

• 낚시터 프로필

작은 규모의 연밭으로 이루어져 있고 수시로 바닥을 보이는 저수지이다. 하지만 두터운 뻘층으로 파고들어 생존했던 붕어들이 물이 차오르면서 다시 활동을 재개한다. 그 결과 5짜를 배출한 이력도 갖고 있다. 특히 1990년대 후반 한겨울에 허리급에서 4짜 붕어에 이르기까지 숱한 월척을 마릿수로 토해내며 세간에 알려졌다. 상류에 연이 자생하며 상류와 하류 간 수심 차가 거의 없다. 하절기에는 빼곡하게 밀생하는 연 때문에 낚시 자리가 많지 않은 게 흠이다. 저수지가 동네와 가까워 불법어로가 불가능한 곳이다.

• 기본 정보

위치: 전남 곡성군 옥과면 무창리
만수면적&준공연도: 6천평/1945년
주요 시즌: 본격 시즌은 봄철과 가을철로 나뉜다. 봄에는 수심 얕은 상류권의 조황이 좋고, 가을에는 10월 무렵 마름이 삭기 시작할 무렵부터 이듬해 4월 연잎이 수면 위로 올라 올 때까지가 피크이다.
평균 씨알: 준척과 월척이 많은 편이다. 큰 놈은 4짜도 종종 낚인다.
외래어종&잡어: 외래어종은 없지만 약간의 살치가 서식한다.

• 추천 미끼

글루텐 등의 미끼를 쓰면 마릿수 조과가 가능하다. 새우나 참붕어를 사용하면 4짜급 이상의 굵은 붕어를 올릴 확률이 높다. 봄에는 지렁이, 가을로 접어들면 새우, 참붕어를 추천한다.

• 참고할 점

가을이 지나면 바닥에 삭아 내린 연 줄기가 빼곡하기 때문에 수초제거기로 긁어내야 하는 번거로움이 있으며 수초 제거 장비를 필수로 지참하는 게 좋다.

내비 입력: 곡성군 옥과면 무창리 570

곡성 백련지

곡성읍 방면

옥과기안컨트리클럽

2.5~3m

2.5~3m

1 저수위 상태의 백련지.
2 백련지에서 낚인 월척들.
3 가을 시즌에 접어든 백련지.

13번국도변
주차금지

→ 3~3.5m

5칸 이상 장대 필요

P

옥과면 방면

• 낚시터 프로필

13번국도를 기점으로 좌우로 갈라져 있어 흔히 쌍방죽으로 많이 알려진 저수지다. 제방 좌안 연안이 최고의 포인트이나 진입에 어려움이 약간 있다. 봄에는 오른쪽에 보이는 상류 13번국도 위쪽이 주 포인트가 되지만 최소 4칸 이상의 긴 낚싯대를 활용해야 할 만큼 뗏장수초가 넓게 형성되어 있다. 좌안인 골프장(옥과기안컨트리클럽) 연안은 진입이 불가능하다. 마름이 수면위에 보일 때는 저수지 전역이 포인트가 된다. 떡붕어가 많아서 전층낚시가 가능한데 주로 13번국도 밑 포인트서 낚시가 잘 된다. 토종붕어 역시 13번국도변에서 낚시할 때는 차를 양쪽 사이드에 주차한 후 걸어서 포인트로 진입하는 게 안전하다.

• 기본 정보

위치: 전남 곡성군 겸면 마전리
만수면적&준공연도: 4만2천평/1962년
주요 시즌: 봄에는 13번국도 위쪽 둠벙에서 대대적인 산란이 이루어지며 이때 4짜 붕어를 흔하게 낚을 수 있다.
평균 씨알: 2025년 현재는 27~29cm급이 마릿수로 낚이며 떡붕어는 35cm 전후가 많다.
외래어종&잡어: 블루길과 배스, 살치가 서식한다.

• 추천 미끼

봄에는 지렁이 미끼가 필수이고 수온이 완전히 오르는 6월부터는 글루텐과 옥수수 미끼가 효과적이다.

• 참고할 점

토종붕어가 많지만 떡붕어 개체수도 만만치 않게 많은 곳이므로 떡붕어낚시에 소질이 있다면 전층낚시로 도전해볼만하다. 제방권에서 낚시한다면 차는 양쪽 주차공간에 세워 놓고 짐만 들고 이동하는 게 안전하다.

내비 입력: 곡성군 겸면 마전리 932-1

곡성 옥과천 신수교

1.2~1.4m

60cm~1m

1.2~1.4m

길가에 바짝 붙여 주차 필수

50cm~90cm

← 합강리 방면

50c

80cm~1m

60cm~90cm

나무 데크가 있어
내려가는데 다소 불편

1 옥과천 신수교 데크 앞 포인트.
2 신수교 포인트에서 준척을 올린 필자.
3 신수교 포인트에서 올린 36cm 붕어를 계측하고 있다.

신수교

cm~90cm
60cm~90cm

P

옥과면소재지 방면 →

• 낚시터 프로필

곡성 옥과천에서 붕어 씨알이 가장 굵고 자원이 많으며 낚시인들에게 인기까지 많은 곳은 신수교 포인트다. 2월부터 마릿수 월척이 낚이기는 하지만 신수교 포인트의 최고 절정은 산수유가 피고 벚꽃이 필 때다. 즉 3월 중순부터가 봄 시즌의 피크이다. 이때는 35cm급 붕어가 많이 낚이고 4짜급도 곧잘 낚인다. 그러다가 여름이 되면 준척급으로 씨알이 작아졌다가 9월부터 다시 월척급이 잘 나오며 11월에 시즌을 마감한다. 신수교에서 낚이는 붕어들은 체형이 균형 잡혀 예쁘고 챔질 순간 치고 나가는 힘이 굉장히 좋다. 이곳에서 4짜급을 잡아본 조사들은 모두 잉어인 줄 알았다고 말할 정도이다. 밤낚시가 되기는 하지만 주로 새벽~아침 시간대에 입질이 활발하다.

• 기본 정보

위치: 전남 곡성군 옥과면 월파리
주요 시즌: 3월 중순부터 씨알 피크 돌입. 여름에 잘 아졌다 9월부터 11월까지 호황 재개.
평균 씨알: 중치급부터 월척급까지 주로 낚이며 허리급과 4짜도 종종 출몰한다.
외래어종&잡어: 배스와 블루길이 서식하고 있다.

• 추천 미끼

글루텐과 옥수수가 고루 먹힌다. 마릿수는 글루텐, 씨알은 옥수수가 앞선다.

• 참고할 점

신수교 포인트는 줄풀, 뗏장수초, 어리연 등이 잘 분포해 있어 붕어 서식에 좋은 여건이다. 평균 수심은 60cm~1m이며 특별히 깊은 구간은 없다. 대물 잉어와 누치도 있어 대를 빼앗기지 않도록 유의해야 한다.

내비 입력: 곡성군 옥과면 월파리 121

곡성 입석지

2.5~3m
경사 심해 좌대 필수

0.6~1m
갈수 때 뗏장수초 너머 수심 60cm
지점을 밤낚시로 노리면 대물 가능

0.6~1m

1~1.2m

특급 포인트. 만수위 때는 1~2명,
배수기 때는 3명까지 낚시 가능

물이 빠져야만 진입
가능한 포인트

1 배수기 때 상류에서 큰 입질을 받아내고 있는 필자.
2 상류에서 낚은 허리급 월척을 보여주고 있다.

· 입석지는 물이 부족할 때마다 섬진강에서 퍼올리는 양수형 저수지이다. 그 결과 농번기 배수 때 다른 낚시터들이 물 부족에 허덕여도 입석지만큼은 낚시가 가능한 곳이다.

수심이 너무 깊어
낚시가 잘 안 된다.

4m

· 낚시터 프로필

양수형이라 수위변동이 있고 조황 기복도 다소 있기는 하지만 시기만 잘 맞추면 35~40cm급 굵은 붕어를 만날 수 있다. 입석지는 상류 밭 앞을 빼고는 포인트가 그다지 많지 않은 게 흠이다. 상류권도 물이 약간 빠져서 바닥이 다소 드러난 상태에서 낚시 여건이 좋다. 주차 자리도 적어 많은 인원 보다는 소규모 인원이 출조하기에 적합하다. 민가와 떨어져 있어 조용하고 한적하며 여름에는 시원하기까지 해 자주 찾고 있다. 우안 연안은 경사가 심한 지형이어서 좌대는 필수로 갖고 가야 한다.

· 기본 정보

위치: 전남 곡성군 입면 입석리
만수면적&준공연도: 6천평/1945년
주요 시즌: 계곡지답게 봄낚시는 늦게 되고 주로 배수기 때 위력을 발휘한다. 5월 모내기 때 물을 뺐다가 채웠다를 반복하는 시기에 찾는 게 좋다. 반드시 물이 불어날 때만 입질이 잦은 것은 아니다. 불어난 물이 안정될 때가 오히려 확률이 높다.
평균 씨알: 25~28cm급 중치급도 낚이며 큰 놈은 허리급부터 4짜급까지 낚인다.
외래어종&잡어: 배스가 서식하고 있다.

· 추천 미끼

글루텐을 쓰면 중치급부터 월척까지는 잘 낚인다. 그러나 허리급부터 4짜에 이르는 씨알은 거의 옥수수에 낚이고 있다.

· 참고할 점

제방권은 낚시가 잘 되지 않는다. 그중에서도 모서리 부근은 수심이 4m 이상 나오고 긴 대로 이곳을 직공해봐도 큰 조과는 없는 편이다.

내비 입력: 곡성군 입면 입석리 96-2

곡성 황산지

0.7~0.8m
1~1.2m

1.5~2m

3~3.5m

3.5~

무넘기

1 물이 빠진 곡성 황산지 연안.
2 황산지에서 올라온 월척 붕어.
3 황산지 주변에는 논과 밭이 많아 농번기 때 배수를 많이 한
다.

• 다양한 종류의 수초가
밀생하기 때문에 하절
기에는 수초제거기를
필수록 지참해야 한다

• 낚시터 프로필

곡성군에서 최고의 대물 붕어터로 알려진 저수지로
보정지라고도 불린다. 체고가 높은 4짜와 5짜 붕어
를 숱하게 배출한 곳이다. 중치급도 드물 정도로 터
가 센 곳이지만 걸었다 하면 허리급 이상의 굵은 붕
어를 만날 수 있다. 낮낚시보다는 밤낚시가 유리하
며 여명이 밝아올 즈음부터 오전 10시 사이가 입질
피크이다. 제방을 기준으로 우안 일대가 진입도 수
월해 낚시 여건도 뛰어나다. 연안에 갈대와 마름, 어
리연, 부들이 자생해 붕어 서식 여건도 좋은 편. 수
중에 물수세미가 자라고 있어 채비가 깔끔하게 떨
어진 지점을 찾는 게 관건이다. 4짜 이상급 붕어는
새벽 2시부터 동틀 무렵 사이에 주로 낚인다. 봄 산
란철에는 수심 얕은 최상류 수초 지대, 여름 갈수기
때는 하류권, 가을에는 마름이 삭아 내릴 때 상류 수
초지대를 노린다.

• 기본 정보

위치: 전남 곡성군 오산면 가곡리
만수면적&준공연도: 1만5천평/1959년
주요 시즌: 봄에는 2월 말부터 5월이 가장 피크이
다. 이후로는 가을 시즌이 돋보이는데 보통 10월부
터 11월 중순 까지가 최고의 피크이다.
평균 씨알: 중치급도 드문 편이다. 걸면 허리급 이
상부터 4짜에 이르는 씨알이 낚이나 그만큼 터가 세
다.
외래어종&잡어: 블루길, 배스, 살치가 서식한다.

• 추천 미끼

산란기에는 지렁이 미끼가 특효. 수온이 오르는 4월
이후에는 글루텐과 옥수수가 잘 먹힌다. 장마철 큰
비가 내린 후에는 지렁이를 사용해볼 필요가 있다.

• 참고할 점

연안에는 뗏장수초와 갈대, 수중에는 물수세미와 말
즘이 자라기 때문에 채비 안착이 어렵다. 그만큼 깨
끗한 바닥을 찾는 게 관건이므로 다양한 길이의 낚
싯대가 필요하다.

내비 입력: 곡성군 오산면 가곡리 850-1

영광군

장성군

담양군

곡성군

구

함평군

광주광역시

무안군

나주시

화순군

순천시

목포시

영암군

장흥군

보성군

강진군

고흥군

해남군

완도군

담양시

여수시

Part **2**

광주
함평
무안
나주
화순

광주 기곡지

상류 수초대는
바닥 지저분해
낚시 여건 나쁨

1.6~1.8m

구덩이에
차 빠짐 주의

1m

1.8~2m
추천 포인트

1m

1.2~1.4m

추천 포인트

제방에서도 입질은
오지만 확률이 저조함

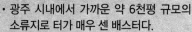

1 진입로 맞은편 하류에 대를 편 필자. 4짜가 잘 낚이는 포인트이다.
2 기곡지에서 올린 4짜붕어.

- 광주 시내에서 가까운 약 6천평 규모의 소류지로 터가 매우 센 배스터다.
- 가을에는 찌든 바닥 중 깨끗한 곳을 찾아 찌를 세우는 것이 관건이다.

• 낚시터 프로필

봄부터 가을까지 꾸준하게 낚시가 이루어지며 겨울을 빼곤 어느 계절이 가장 좋다고 말하기 어려울 정도로 고른 조황을 보인다. 꽝을 맞는 날이 많지만 낚시가 잘 되는 날은 4짜급 포함 월척 이상만 2~3마리는 가능한 곳이다. 하절기가 되면 수초가 무성해지고 가을이 되면 무성했던 수초가 삭으며 바닥이 지저분해진다. 따라서 낚시 짐을 옮기기 전에 내 실력으로 찌를 세울 수 있는 바닥인지 우선 둘러보고 자리를 잡을 것을 권한다. 수심은 만수 위 기준 1.2~1.8m 수준이다. 대체로 우안 도로변이 깊고 맞은편이 얕은 편이다.

• 기본 정보

위치: 광주광역시 광산구 용곡동
만수면적&준공연도: 6천평/1945년
주요 시즌: 봄, 여름, 가을에 고루 낚시가 잘 되며 아무래도 수초가 삭아있는 봄과 가을이 다소 유리한 편이다.
평균 씨알: 마릿수는 적지만 걸면 턱걸이 이상 월척이 주종이며 큰 씨알은 4짜급 이상이 주종으로 낚인다.
외래어종&잡어: 배스와 블루길이 서식하고 있다.

• 추천 미끼

대물을 노린다면 옥수수가 단연 유리하다. 이른 봄에는 글루텐도 써볼만하나 블루길 성화가 문제이다.

• 참고할 점

봄에는 상류권이 유리하지만 산란기 이후로는 하류권도 확률이 높다. 좌우안 최하류 포인트에서 4짜급이 잘 낚인다. 밤 시간에도 붕어가 나오지만 가장 확률 높은 약속의 시간은 새벽부터 아침까지이다.

내비 입력: 광주광역시 광산구 용곡동 1009-2

광주 대야지

우치공원

카라반 캠핑장

일곡동 방면

2.5~3m

나무 사다리 놓고
내려가는 포인트

제방에서도 낚시 가능하나
확률 낮은 편(주차는 불가)

2.5~3m

차단봉 있어
차량 진입 불가

1 대야지 제방 우안에서 붕어를 노리는 낚시인.
2 대야지 우측 골창. 대야지의 주요 낚시구간이다.
3 대야지에서 낚인 5짜 붕어.

광주패밀리랜드

놀이공원 앞
골창이 주
낚시 구간

철문

2m

2m

2m

2~2.5m

넓은 주차장

낚시터 프로필

광주 도심 한복판에 있지만 5짜 확률이 높은 낚시터로 명성이 자자하다. 해마다 매년 봄에 여러 마리의 5짜가 낚이고 있으며 4짜는 잔챙이로 취급받을 정도이다. 저수지 바로 옆에 도로가 있고 상류에는 대형 놀이공원까지 있어 낚시터 분위기가 전혀 안 나고 한적함도 없는 편이다. 낚시인 사이에 호불호가 엇갈리고 터가 엄청나게 세 웬만한 사람은 버티지 못하는 게 단점. 주요 낚시 구간이 상류권으로 한정되며, 매년 포인트 쟁탈전이 벌어져 5짜 낚기보다 포인트 차지하기가 더 어려운 게 대야지의 특징이다. 특히 상류권은 바닥 작업을 하지 않으면 찌를 세우기 어려울 정도였으나 2024년에 바닥수초가 대부분 없어지며 낚시 여건이 좋아졌다. 전국에서 온 보트낚시인들도 자주 찾는 곳이다.

기본 정보

위치: 광주광역시 북구 생용동
만수면적&준공연도: 3만9천평/1958년
주요 시즌: 매년 3~4월에 걸쳐 5짜가 많이 배출된다. 여름부터는 수초가 밀생하면서 낚시가 어렵고 씨알도 잘아진다. 수초가 삭아드는 가을에는 큰 재미가 없는 편이다.
평균 씨알: 봄 대물 시즌만 놓고 본다면 허리급부터 40cm 중반급이 평균이다. 턱걸이급 월척이 허리급보다 더 귀한 편이다.
외래어종&잡어: 배스와 블루길이 서식하고 있다. 붉은귀거북도 종종 생미끼에 걸려든다.

추천 미끼

옥수수와 글루텐을 주로 사용한다. 글루텐에 입질이 빠른 편이며 5짜만 노리는 낚시인들은 옥수수를 선호한다.

참고할 점

5짜의 경우 주로 3~4월 시즌에 새벽 2시부터 동틀 무렵 사이에 가장 많이 낚이고 있다. 따라서 밤샘은 필수이다. 3.2칸 기준 대부분 포인트 수심이 2m 이상이다.

내비 입력: 광주광역시 북구 생용동 621

광주 동산지

추천 포인트 구간

1.8~2m

1.8~2m

1.5~1.8m

1.5~1.8m

1~1.2m

70~80cm

1.5~1.7m

70~80cm

추천 포인트 구간

하절기에는 연이 무성해지는
곳이므로 수초제거기 같은
장비가 필수적으로 요구된다.

1 동산지 우안의 삭은 연밭에서 붕어를 노리고 있는 필자.
2 봄에 찾은 동산지 우안 상류 포인트.
3 동산지에서 봄 시즌에 낚은 허리급 붕어를 보여주는 필자.

• 낚시터 프로필

광주시에서 가까운 낚시터다. 규모는 작지만 마릿수와 씨알을 동시에 노릴 수 있는 곳이다. 2021년까지는 5짜가 낚이는 한방터였다가 2022년 봄부터 잔챙이 붕어들이 증가한 곳이다. 이후 2025년부터는 준척부터 턱걸이급이 급증해 낚이고 있다. 하절기에는 연이 무성해지는 곳이므로 수초제거기 같은 장비가 필수적으로 요구된다. 연밭답게 바닥이 지저분하고 감탕이어서 깨끗한 바닥을 찾는 것이 관건이다. 연밭의 특징처럼 연안 수심이 1.5m 이상 나올 정도로 평균 수심이 깊은 편. 잔챙이가 늘었지만 큰 붕어 자원이 고스란히 보존돼 있어 채비를 튼튼하게 쓰는 것이 중요하다. 다양한 미끼가 모두 먹히기 때문에 출조 전 어떤 미끼가 잘 먹히는가를 잘 확인하고 공략하는 게 유리하다.

• 기본 정보

위치: 광주광역시 광산구 동산동
만수면적&준공연도: 3만평/1945년
주요 시즌: 2월 중후반부터 붕어가 잘 낚이기 시작한다. 3~4월 산란기 때는 낮에도 입질이 활발하다.
평균 씨알: 7~9치급이 많고 낚시 도중 월척부터 4짜까지 기대할 수 있다.
외래어종&잡어: 배스와 블루길이 서식하고 있다.

• 추천 미끼

지렁이, 옥수수, 글루텐이 모두 잘 먹힌다. 늦가을부터 초봄에는 글루텐이 유리하며 본격 산란철에는 지렁이를 추천한다. 바닥이 감탕인 곳에서는 옥수수가 효과적이다.

• 참고할 점

잔챙이 위주로 낚인다고 해서 방심해서는 안 된다. 그 와중에 허리급 이상의 대물이 섞여 낚이기 때문이다. 연이 삭았더라도 강한 줄기에 대비해 목줄 채비를 강하게 갖추는 게 좋다.

내비 입력: 광주광역시 광산구 동산동 1029

광주 복만지

2~2.2m

카페 앞 연안은 낚시불가

여름에는 전 수면에
수초 밀생해 낚시 불가

카페

1.6~1.8m

1 복만지 최상류. 차 대고 바로 낚시할 수 있다.
2 복만지에서 올린 허리급 월척을 보여주는 낚시인.
3 밀생한 수초 구간의 빈자리를 노린 대편성.

• 낚시터 프로필

광주광역시 광산구 양동에 있는 직사각형 형태의 저수지로 2023년전까지는 수초가 너무 찌들어 낚시가 어렵던 곳이었다. 그러다가 2024년 무렵부터 상류권 뗏장수초의 밀도가 갑자기 낮아지면서 공략할 자리가 여러 곳 생겼고 조과도 출중해져 유명해진 곳이다. 배스와 블루길이 서식하고 있어 월척부터 4짜에 이르는 큰 붕어들이 서식하고 있다. 무성한 뗏장수초와 더불어 연중 바닥이 지저분해 깨끗한 바닥을 찾는 것이 관건. 여름에는 뗏장수초가 전역을 덮어버리기 때문에 낚시가 힘들다. 밀생한 수초 때문인지 붕어들이 황금색을 띠는 것이 특징이며 체고가 높고 빵이 좋아 월척만 되도 매우 탐스럽다. 뗏장수초의 분포가 매년 바뀌기 때문에 포인트도 그에 따라 변하는 게 특징이다.

• 기본 정보

위치: 광주광역시 광산구 양동
만수면적&준공연도: 6천평/1945년
주요 시즌: 봄 시즌은 3월 중순부터 피크를 맞는다. 마름이 삭아드는 10월 이후 가을 시즌에도 도전해 볼만하다.
평균 씨알: 중치급도 낚이지만 허리급 이상의 붕어가 많다. 봄에는 35~40cm를 주로 노린다.
외래어종&잡어: 배스와 블루길이 서식하고 있다.

• 추천 미끼

옥수수글루텐 떡밥이 유독 잘 먹히며 그 다음은 옥수수 미끼를 주로 쓴다.

• 참고할 점

봄에는 초저녁과 아침낚시가 잘 되기 때문에 이 시간대는 꼭 노려봐야 한다. 여름은 수초가 너무 밀생해 낚시가 어렵고 가을에 마름 구멍을 노려보는 것이 좋다. 가을에는 오후장과 밤낚시에 허리급이 잘 낚인다.

내비 입력: 광주광역시 광산구 양동 186

광주광역시 인근 대물터로 유명한
황룡강 송산유원지 포인트에서 아침 입질을 기다리는 낚시인.
녹음이 한창인 5월은 황룡강이 최고의 대물 시즌을 맞을 때다.
(사진 : 김중석 낚시춘추 편집위원, 천류 필드스탭 팀장)

광주 오운지

삼도동 행정복지센터 방면

제방 좌안은 조과
가 떨어진다

2~2.5m

2~2.5m

수심이 깊어 가을~겨울에 좋은 포인트

봄 포인트

2~2.2m

1.2~1.3m

수초 형성이 좋지만
의외로 조과 떨어짐.
봄에 반짝 조황 있음.

1 오운지 상류권 모습.
2 오운지에서 올라온 허리급 붕어.
3 장마철 오운지에서 낚인 마릿수 중치급 붕어.

5~1.7m

1.4~1.5m

1.2~1.3m

오름수위 때
특급 포인트

1.4~1.5m

• 낚시터 프로필

오운지는 터가 센 배스터로 유명한 곳이다. 외래어
종으로 배스와 블루길이 서식하고 있어 붕어도 큰
씨알만 낚인다. 한 마리를 걸어도 대물을 원하는 낚
시인이 좋아할 만한 곳이다. 오운지의 특징 중 하나
는 이상하게 봄 조황은 떨어진다는 점이다. 봄에도
붕어가 나오기는 하지만 가을 조황이 특히 눈에 띈
다. 또 하나의 특징은 여름 오름수위 때 평소에는 보
기 힘든 중치급들이 떼로 나온다는 점이며 이때는
월척급을 마릿수로 올릴 수 있다. 의외로 최상류권
과 우안 하류 골창처럼 수초가 잘 발달된 곳의 조황
이 떨어지는 게 특징이다. 오운지 붕어는 씨알이 커
도 우락부락하지 않고 체형이 예쁜 놈들이 주로 올
라온다.

• 기본 정보

위치: 광주광역시 광산구 오운동
만수면적&준공연도: 1만5천평/1948년
주요 시즌: 봄에도 입질이 들어오지만 봄보다는 가
을 조황이 눈에 띈다.
평균 씨알: 35~40cm급이 주종이나 여름철 오름수
위 때는 중치급부터 턱걸이 월척 씨알이 마릿수로
올라온다.
외래어종&잡어: 배스와 블루길이 서식하고 있다.

• 추천 미끼

가장 잘 먹히는 미끼는 글루텐이다. 대물만 노리고
옥수수를 미끼로 쓰는 사람도 많다.

• 참고할 점

밤낚시에 35~45cm급이 주로 출몰하며 배스터임
에도 의외로 아침장에는 입질이 뜸한 날이 많다.

내비 입력: 광주광역시 광산구 오운동 180

광주 평동지

80~90cm

80~90cm

2.5~3m

1~1.2m

1~1.2m

1~1.2m

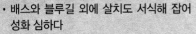

1 갈대밭 포인트에서 붕어를 노리는 낚시인들.
2 필자가 평동지에서 올린 4짜 붕어.

- 배스와 블루길 외에 살치도 서식해 잡어 성화 심하다
- 봄보다는 가을에 마릿수 조과 좋은 편
- 별 조황 없다가 갑자기 폭발 조황 터질 때가 종종 있음
- 마을 주민들의 낚시 통제가 심한 편

점선 오른쪽 연안은 주민들이 연안낚시도 불허

주민들이 진입로 초입부터 차량 통행 차단 →

• 낚시터 프로필

평동지는 배스 블루길 외에 살치까지 서식하는 터센 대물터다. 특징이라면 평소에는 잠잠하다가 갑자기 붕어가 터지기 시작하면 월척급이 봇물처럼 쏟아진다는 점이다. 이러한 갑작스러운 호조황은 상당히 오래 가는데 이때는 어디에 앉던 월척 몇 마리를 쉽게 낚을 수 있다. 이 와중에 4짜 붕어도 가능하다. 또 하나의 특징은 가을 조황도 좋다는 점이다. 봄에는 어느 저수지나 조황이 좋아 두각을 못 나타내지만 11월 중순부터 12월 초 사이에 또 한 번 대박 조황이 찾아온다. 지난 2024년이 대표적인 예로 11월 초부터 월척급이 비치기 시작하더니 11월 중순부터 월척이 쏟아졌다. 물그릇에 떠놓은 물이 얼기 시작한 12월 초까지 떼월척이 낚인 적 있다. 초겨울에는 수초 지대에서도 조황이 좋았지만 맹탕 바닥에서도 많은 붕어가 쏟아졌다.

• 기본 정보

위치: 광주광역시 광산구 용곡동
만수면적&준공연도: 18만1천평/1945년
주요 시즌: 봄에도 입질이 오지만 의외로 가을에 폭발 입질이 터질 때가 많다. 11월 중순~12월 초 사이에 종종 대박이 터진다.
평균 씨알: 평소에는 허리급부터 4짜급이 종종 낚이지만 갑자기 조황이 터질 때는 중치급부터 월척급이 마릿수로 올라온다.
외래어종&잡어: 배스와 블루길 외에 살치가 서식한다.

• 추천 미끼

평소에는 글루텐이 잘 먹힌다. 대물 위주로 낚시한다면 옥수수가 유리하다.

• 참고할 점

봄에는 낮부터 붕어가 잘 낚이지만 가을에는 밤 9시경부터 아침 사이가 피크이다. 12월에접어들면 새벽부터 아침 사이에 입질이 잦아진다. 평동지의 원래 이름은 지정지다.

내비 입력: 광주광역시 광산구 용곡동 958

광주 평림천 평림교 옆 홈통

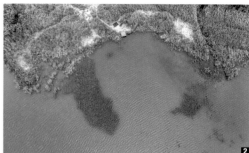

※물이 많이 빠졌을 때의 모습

← 황룡강

만수가 되도 1m 내외로 수심이 얕다

60~90cm

60~90cm

60~90cm

길가에 주차 후
도보로 진입

1 평림천에서 붕어를 올리는 장면.
2 드론으로 촬영한 홈토 포인트.
3 홈통에서 낚은 월척을 보여주는 필자.

60~90cm

• 낚시터 프로필

광주 평림천은 장성 죽림지에서 발원해 평림호를 지나 광주 지평동에서 황룡강과 합류하는 지방하천이다. 긴 하천 길이에 비해 붕어터로 알려진 포인트가 적어 찾는 이가 많지 않다. 그러나 소개하는 평림교 옆 홈통은 필자가 강력하게 추천하는 대표적인 낚시 포인트이다. 평림교 옆 홈통은 수위 영향을 많이 받는다. 하류에 있는 보 수문을 열면 수심이 얕아져 낚시가 힘든 것이다. 반대로 보 수면을 닫으면 수위가 오르면서 평림천에 서식하던 붕어들이 대거 홈통 쪽으로 몰려들기 시작한다. 특히 봄 산란기 때 수문이 닫힌 후 이틀 안에만 찾으면 엄청난 조과를 맛볼 수 있다. 마릿수 조과는 물론 4짜까지 가능한 곳이다. 그 다음 찬스는 여름철 큰 비가 온 후 물이 불었을 때다. 흔히 말하는 오름수위 특수를 맛볼 수 있다.

• 기본 정보

위치: 광주광역시 광주광역시 송산동
주요 시즌: 봄 산란기와 여름 장마철 오름수위 때 폭발적인 조과를 보인다.
평균 씨알: 중치급부터 월척, 4짜까지 고루 낚인다.
외래어종&잡어: 배스와 블루길이 서식하고 있다.

• 추천 미끼

가장 잘 먹히는 미끼는 글루텐이며 두 번째 옥수수이다. 글루텐에 잡고기 성화가 심할 수 있으므로 두 미끼를 고루 써볼 필요가 있다.

• 참고할 점

보 수문을 자주 열기 때문에 출조일을 잘 맞출 필요가 있다. 홈통은 수심은 얕지만 수초 발달이 뛰어나 오름수위만 되면 수초 부근에서 호황을 보인다.

내비 입력: 광주광역시 송산동 242-38

광주 황룡강 송산유원지 포인트

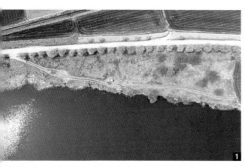

남광산IC 방면

P 차 내려감
1~1.5m

밥상 포인트
버려진 밥상이 있던
곳이라 밥상 포인트
로 불림

1~1.5m
경운기 포인트
경운기가 세워져 있어
경운기 포인트로 불림

차 내려감

1~1.5m
돌무더기 포인트

길가에 바짝 주차 필수

1~1.5m

1~1.5m

1 송산유원지 밥상 포인트.
2 광주 얼레붕어 정출에서 허리급 붕어를 낚은 정호철(유튜브 붕어잡는 곰 운영자) 씨.

- 황룡강은 대체로 여름에만 조과가 조금 떨어지며 가을에는 다시 살아난다. 봄 산란기에 4짜가 쏟아져 수도권 낚시인들도 찾는다.

성신유원지

• 낚시터 프로필

광주 얼레붕어낚시에서 매년 정출을 하는 장소로 낚시 포인트가 많고 주차도 좋은 편이며 조황까지 꾸준해 인기가 많은 곳이다. 이곳은 다른 낚시터들과 달리 '해걸이'가 없을 정도로 기복이 덜한 낚시터로 월척급과 4짜급 붕어가 꾸준히 낚인다. 강변을 따라 벚꽃이 심어져있는데, 봄에 벚꽃이 피면 환상적인 분위기를 연출해 낚시의 즐거움을 더한다. 가장 중요한 시간은 새벽부터 아침이지만 밤낚시도 잘 되는 편이다. 주 미끼는 옥수수계열 글루텐이 좋고 밤낚시에는 옥수수를 몇 대라도 꼭 같이 사용해보는 게 좋다. 옥수수 미끼에 입질은 적지만 허리급 이상의 큰 붕어가 한 번씩 물고 나오기 때문이다. 유원지 안에서는 낚시 불가.

• 기본 정보

위치: 광주광역시 광산구 송산동
주요 시즌: 겨울을 빼곤 봄부터 가을까지 꾸준하게 낚시가 된다. 다만 무더운 여름에는 수초가 찌들어 낚시 여건이 나빠지며 낚시도 덜 된다.
평균 씨알: 중치급부터 4짜까지 다양하게 낚인다. 월척급이 많이 섞여 낚인다.
외래어종&잡어: 배스와 블루길이 서식하고 있다.

• 추천 미끼

글루텐이 가장 보편적으로 사용된다. 밤낚시에 옥수수를 미끼로 쓰면 허리급 이상이 올라올 확률이 높다.

• 참고할 점

좌안과 우안 모두 낚시가 잘 되나 대체로 좌안 쪽 조과가 앞서는 편이다. 대형 잉어도 많으니 대를 빼앗기지 않도록 주의해야 한다.

내비 입력: 광주광역시 광산구 송산동 251

함평 구계지

1~2m

1~1.5m

4계절 무난한 포인트. 12월과
초봄에 대물이 종종 낚임.

진입로 차단으로
차량 진입 불가

0.8~1m

1~1.3m

0.7~0.8m

1m

0.7~0.8m

1 구계지 최상류. 수심은 얕지만 조황이 좋은 포인트다.
2 구계지 상류에서 대물 붕어를 올린 필자.

• 물속에 말풀이 자라고 상류에 줄풀 형성
이 좋아 멋진 포인트가 많은 곳이다. 주변
에 높은 산이 없어 바람을 잘 타는 것은
흠이다.

1.5m

P

길 옆에 주차공간 곳곳에 있음.

P

• 낚시터 프로필

구계지는 대형급 배스와 블루길이 서식하는 저수지
로 전남권 붕어낚시인에게 대물터로 인기가 높은
곳이다. 저수지 크기에 비해 대물 붕어 자원이 엄청
나게 많다. 산란기인 봄에는 4짜가 마릿수로 낚이지
만 봄이 아닌 다른 계절에도 4짜가 가능성이 높은
곳이다. 2016년경 제방공사를 했다가 문제가 생겨
그해에 다시 공사를 하기도 했다. 제방 공사 후 붕어
치어를 풀었는데, 3년 정도까지는 잔챙이 붕어만 낚
여 낚시인들로부터 잔챙이터로 인식됐다. 그러나 배
스 영향으로 점차 씨알이 커지더니 함평을 대표하
는 한방터로 변신했다.

• 기본 정보

위치: 전남 함평군 해보면 금덕리
만수면적&준공연도: 9천평/1969년
주요 시즌: 가장 추운 1~2월만 빼면 거의 모든 계
절에 낚시가 잘 된다. 그러나 최고의 피크는 줄풀 새
순이 올라올 때다. 이때 4짜급 마릿수 조과도 가능
하다. 대체로 4월 말~5월 말 조황이 가장 뛰어나며
12월에는 중류권에서 장대를 활용하면 굵은 씨알을
낚을 수 있다.
평균 씨알: 8~9치급도 낚이지만 일단 걸면 허리급
이상이 낚인다. 4짜 이상급은 자주 올라온다.
외래어종&잡어: 배스와 블루길이 서식한다.

• 추천 미끼

가장 유리한 미끼는 글루텐이며 그 다음으로 옥수
수를 추천한다. 생미끼는 배스, 블루길 성화에 쓰기
어렵다.

• 참고할 점

여름에는 간혹 9치급과 턱걸이급이 낚일 때가 있지
만 보통의 한방터처럼 1박 낚시하면 한두 마리의 허
리급을 기대할 수 있다. 초저녁과 아침에 입질 확률
이 높다.

내비 입력: 함평군 해보면 금덕리 605

함평 산남지

1.5~2m
뗏장수초밭

2~2.5m

2~2.5m

2~2.5m

1.5~2m
연밭

1.2~1.5m

새물 유입구

1 최상류 새물 유입구 앞 포인트.
2 산남지에서 허리급 월척을 올린 필자.
3 최상류 새물 유입구 코너자리.

• 낚시터 프로필
산남지는 대물보다는 마릿수 위주의 낚시터를 선호하는 낚시인에게 추천할만한 곳이다. 겨울을 제외한 어느 시기에 낚시해도 중치급을 마릿수로 낚을 수 있기 때문이다. 간혹 중치급 사이에 월척이 낚이곤 하며 산란기를 맞은 봄에는 상류권에서 37~38cm에 달하는 씨알도 간혹 등장한다. 그러나 4짜급은 거의 보기 힘들다. 토종붕어 외에 떡붕어 자원도 많아 중층낚시인들도 많이 찾는다. 늦봄부터 녹조가 조금씩 끼기 시작해 가을이 되면 사라지는 특징을 갖고 있다. 대체로 찌올림이 좋고 월척 이상급들은 밤낚시 또는 새벽부터 아침장에 자주 낚이기 때문에 낮보다는 밤낚시에 집중할 필요가 있다.

• 기본 정보
위치: 전남 함평군 손불면
만수면적&준공연도: 4만8천평/1961년
주요 시즌: 블루길 성화가 심해 주로 수온이 찬 이른 봄과 늦가을에 낚시 여건이 좋다.
평균 씨알: 25~28cm급이 주종이며 산란기 때 37~38cm가 종종 낚인다. 4짜는 보기 힘들다.
외래어종&잡어: 배스는 없고 블루길만 서식한다 .

• 추천 미끼
주 미끼로는 옥수수가 유리하며 잡고기 성화가 덜할 때는 글루텐도 잘 먹힌다.

• 참고할 점
채집망을 넣어보면 각종 잡고기와 새우가 채집된다. 새우를 미끼로 쓰면 굵은 씨알을 선별할 수 있으나 블루길 성화를 견디는 게 관건이다.

내비 입력: 함평군 손불면 산남리 845-1(좌안 하류)

무안 구정리수로(2, 4번수로)

← 돈도리 마을 방면

90cm

하수종말처리장이 있어 겨울에도 얼지 않는다.

새물 유입구

80cm~1m

하수종말처리장

5대 주차 가능

80cm~90

영산강

1번 수로

1~1.2m

80cm~1m

도로 폭이 좁아 농번기 때 농사에 지장. 짐만 내려놓고 이동주차 필수.

80cm~1m

80cm~1m

상류

• 2번수로 상류

내비 입력: 무안군 일로읍 의산리 2-1

밤낚시보다는 주간낚시가
잘 되는 편이다.

하류 →

• 2번수로 하류

내비 입력: 무안군 일로읍 의산리 1470-1

하류권은 준설해 바닥이
깨끗하고 수심도 일정하다.

겨울에는 북서풍이 강하게 불기
때문에 수로 전체가 바람을 맞받
는다. 필히 바람이 약한 날 출조
하는 게 좋다.

• 낚시터 프로필

구정리수로는 영산강 하류와 연결된 수로이다. 총 5개의 가지수로가 있는데 낚시춘추 김중석 편집위원이 편의상 1번부터 5번까지 번호를 붙여 소개하면서 유명해졌다. 이 중 가장 인기가 높고 조과가 뛰어난 곳이 2번과 4번이다. 1, 3, 4, 5번수로는 영산강과 수문으로 막혀있는데 반해 2번수로는 바로 연결돼 있어 영산강 본류의 붕어가 수시로 올라붙는 장점이 있다. 1번과 5번수로는 규모가 작아 포인트가 적으며 3번수로는 잔챙이 성화가 심해 낚시인들이 꺼린다. 4번수로는 4계절 꾸준한 조과를 보이는 낚시터다. 심지어 여름에도 모기 성화만 잘 견디면 월척을 낚을 있을 정도다. 규모가 가장 커 많은 인원이 함께 낚시할 수 있다. 상류는 봄낚시에 알맞으며 수로 폭이 넓은 하류는 하절기낚시에도 조황이 뛰어나다.

• 기본 정보

위치: 전남 무안군 일로읍 의산리/일로읍 구정리
주요 시즌: 주로 1~3월 사이의 동절기에 위력을 발휘한다. 하절기 때는 배스와 블루길 성화는 물론 모기 성화까지 겹쳐 낚시가 어렵다.
평균 씨알: 하절기에는 6~7치급 성화가 심하다. 간혹 월척까지는 올라오지만 마릿수는 적은 편이다. 그러나 동절기가 되면 작아도 8치 보통은 월척급이 주류를 이룬다. 허리급도 자주 낚인다.

• 추천 미끼

동절기낚시를 주로 하기 때문에 지렁이가 가장 유리하다. 겨울에는 잡어 성도 적기 때문에 써볼만하다. 지렁이 외에 어분이 함유된 어분글루텐도 잘 먹힌다.

• 참고할 점

구정리수로는 영산강 수위 변화에 강한 영향을 받는다. 보통 보름에 한 번씩 배수를 하는데 이때는 피하는 게 좋다. 보통은 현지 낚시점이나 지인들에게 물어보면 되지만 앱을 통해 직접 수위 변동을 파악하는 게 좋다. '영산강 안심 알림e' 앱을 받아놓으면 영산강 일대 다른 낚시터로 출조할 때도 요긴하게 쓸 수 있다.

구정리마을

80cm

1m

70~80cm

50~80cm

1~1.5m

1m
70cm
1m

다리 주변에
주차공간 많음

• 4번수로 상류
  내비 입력: 무안군 일로읍 구정리 514

• 4번수로 하류
  내비 입력: 무안군 일로읍 구정리 552-3

비포장도로이며 길 폭이 좁아
진입이 까다로운 포인트.

1.5m

1.5m

2m

2m

도로 옆 주차

태양광 펜스 앞
연안 낚시금지

사계절 꾸준히 월척을 배출하는 낚시
터다. 한겨울에도 얼지만 않으면 붕
어가 낚인다. 겨울과 초봄에는 지렁
이, 그외 계절에는 글루텐이 잘 먹힌
다. 간혹 옥수수에 활발한 입질을 보
일 때도 있다.

1 2번수로 최상류에서 겨울 붕어를 노리는 낚시인들.
2 하수종말처리장에서 온수가 흘러나오는 2번수로.
3 4번수로에서 겨울에 올라온 붕어들
4 폭이 넓은 4번수로는 보트낚시인들도 자주 찾는다.

영산호 본류

포인트 바로 뒤 주차

2~2.5m

한국농어촌공사
의산배수관

2~2.5m

포인트 바로 뒤 주차

계절마다 약간 씩 다르지만 이른 아침
입질은 적고 오전 10시부터 오후 2시,
오후 4시부터 초저녁 사이에 입질이
활발하다. 9월을 넘기면서부터는 낮보
다는 밤에만 입질이 올 때도 있다.

무안 남창천 남악리 앞

목포 방면

남악3리

P 길가에 바짝 붙여 주차
P
1~1.2m
1~1.2m
P
1~1.2m

개척 안 된 생자리들.
수심은 평균 1m로 비슷하며
생자리를 개척하면 모두 좋은
포인트이다.

- 생자리가 많아 포인트 개척하면 의외의 조과 거둘 확률 높음
- 겨울에도 얼음만 얼지 않으면 무난한 조과
- 주차 시 길가에 바짝 붙여야 교행 가능
- 8~9치부터 허리급까지 고른 씨알 낚임

1 드론으로 촬영한 남창천. 왼쪽 길가 포인트는 대부분 생자리이다.
2 남창천에서 올린 월척 붕어를 보여주는 필자.

• 무안 남창천은 겨울에도 얼음만 깨고 낚시하면 붕어가 낚일 정도로 붕어 자원이 풍부한 곳이다. 여름 장마 때 물이 넘치면 영산호에서 올라온 붕어들이 하천 곳곳으로 유입되는 것으로 추측된다.

죽림분기점 방면 ⟶

경전선 철로

• 낚시터 프로필

소개하는 무안 남창천은 2025년 현재도 개발 덜 된 포인트가 수두룩해 명 낚시터로 발전할 가능성이 높은 곳이다. 탐색낚시를 좋아하는 낚시인이라면 본인만의 포인트를 만드는 재미도 있을 것이다. 해마다 가을에서 겨울 사이 틈틈이 낚시를 하며 조황을 체크했는데 아무리 추운 날에도 적게 낚을 때는 8~9치고 마릿수 조과를 거뒀고 허리급 포함 월척도 마릿수로 올린 적 있다. 보통은 월척 2~3마리에 준척이 섞이는 게 평균 조과이다. 계절마다 잘 먹히는 미끼를 빨리 캐치해내는 것이 중요하다.

• 기본 정보

위치: 전남 무안군 삼향읍 남악리
주요 시즌: 사철 낚시가 가능하나 가을~겨울 사이에 낚시가 여건이 좋은 편이다. 하절기에도 마릿수 조과가 가능하다.
평균 씨알: 8~9치 중치급이 많으며 월척은 턱걸이부터 허리급까지 올라온다.
외래어종&잡어: 배스와 블루길이 서식한다.

• 추천 미끼

지렁이와 글루텐이 보편적으로 사용된다. 동절기에는 지렁이에 입질이 빠른 편이다.

• 참고할 점

무안 남창천은 생자리로 남아있는 곳들이 수두룩하다. 따라서 자리가 없을 경우 좌대를 설치하고 수초제거기 등을 이용해 생자리 포인트를 만들어볼 필요가 있다. 오히려 그런 곳에서 대박이 잘 난다.

내비 입력: 무안군 삼향읍 남악리 1405

무안 성암지

무안군청방면

1~1.2m

1.3~1.5m

1.3~1.5m

2m

1 만수위의 성암지 상류에서 붕어를 노리는 모습.
2 제방에서 바라본 성암지. 길쭉한 형태의 계곡지이다.
3 성암지에서 여름에 올린 월척을 보여주는 필자.

무안역 방면

2.5~3m

2.5~3m

- 한창 더울 8월 말부터 낚시가 잘 돼 피서낚시터로 제격
- 수심이 깊어 상류와 중류권에만 포인트가 형성된다.
- 갈수와 만수에 관계없이 입질을 받을 수 있다.
- 배스와 블루길 서식하나 성화는 덜한 편이다.

• 낚시터 프로필

무안 성암지는 터가 센 토종터다. 길쭉한 계곡지로 봄에는 조황을 거두기가 힘들고 주로 낚시가 어렵다고 하는 한여름에 빛을 발한다. 개인적으로는 '너무 더워 낚시를 몇 주 쉴까?'라는 생각이 드는 8월 중후반부터 가을 사이가 적기. 이처럼 성암지는 낚시가 가장 안 되는 시기에 큰 붕어들이 움직이는데 1박 낚시에 월척과 허리급 포함 10여 마리 이상의 폭발적 조과를 거둘 때도 있다. 다만 2025년 현재 4짜는 매우 드물게 낚인다. 성암지 붕어들은 계곡지 붕어답게 힘이 좋고 체고도 계곡지답지 않게 빵이 좋은 녀석들이 올라온다. 계곡지답게 포인트는 상류와 중류권에만 몇 자리 나오며 9월 초에 가변 100% 호황을 맛볼 수 있다. 갈수와 만수에 관계없이 입질을 받을 수 있다.

• 기본 정보

위치: 전남 무안안 무안읍 성암리
만수면적&준공연도: 1만5천평/1968년
주요 시즌: 봄에는 낚시가 잘 안 되고 늦은 여름인 8월 중후반부터 시즌이 시작된다. 특히 9월 초부터는 최고의 피크 시즌이다.
평균 씨알: 월척~허리급 씨알이 많다.
외래어종&잡어: 살치, 갈겨니가 서식한다.

• 추천 미끼

옥수수와 글루텐이 보편적으로 잘 먹힌다. 대물을 노린다면 옥수수를 추천한다.

• 참고할 점

여름철 주 입질 시간은 오후 2~3시부터 들어오는 날이 있고 케미 넣기 직전부터 들어오는 날도 있다. 밤부터 새벽까지는 간간이 입질이 오며 동 튼 후 아침장 입질은 드문 편이다.

내비 입력: 무안군 무안읍 성암리 산 166-4

나주 만봉천

용궁지

반월지

만봉천

1~1.2m 1~1.2m

우렁이농장

우렁이농장 주변이 특급 포인트.
도로 옆에 바짝 붙여 주차해야 교행 가능

1~1.3m 1~1.2m

1~1.2m

금천

1 연안의 얕은 수심에서 입질을 받아내는 장면.
2 만봉천에서 올린 월척. 월척은 이 정도 씨알이 가장 많다.

- 주차만 해결되면 어디든 낚시 가능
- 봄에는 연안 수초대에서 대박 조황
- 여름으로 갈수록 옥수수 잘 먹히고 씨알도 굵다
- 낚시 짐 풀어놓은 뒤 이동 주차 필수
- 배스와 블루길 서식하지만 성화는 거의 없는 편

다리 위쪽은 수심
얕아 낚시 여건 나쁨

낚시터 프로필

금천과 만봉천이 합류되는 곳으로 현지 낚시인들 사이에서는 그냥 만봉천 또는 세지수로로 불리고 있다. 수로변 길 정리를 하면서 주차 자리는 많이 없어졌고 그 영향으로 찾는 이가 다소 줄었지만 낚시는 여전히 잘 되는 곳이다. 넓은 수면적 대비 주차 자리가 적은 것을 제외하면 꾸준한 조과를 거둘 수 있으며 씨알은 9치~월척급이 주로 낚인다. 특히 4월 초 밤낚시 때 짧은 대로 연안을 노리면 대박을 만날 때가 많다. 지도에 표기한 우렁이농장 부근이 특급 포인트인데 가급적 도로 갓길에 차를 바짝 붙여야만 다른 차와의 교행이 가능하다. 보통 수로나 천 낚시터는 하절기가 되면 낚시 여건이 나빠지지만 이곳은 오히려 낚시가 잘 되는 특징을 보인다.

기본 정보

위치: 전남 나주시 세지면 오봉리
주요 시즌: 4월부터 입질이 활발해지며 여름에도 활성이 좋아 낚시가 잘 된다.
평균 씨알: 8치부터 월척 초반급들이 많이 낚인다.
외래어종&잡어: 배스와 블루길이 서식하고 있다.

추천 미끼

잘 먹히는 미끼는 글루텐이지만 밤낚시에 옥수수를 쓰면 씨알이 굵게 낚인다.

참고할 점

초저녁과 새벽~아침에 이르는 시간대에 입질이 활발하다. 여름으로 갈수록 옥수수가 잘 먹히며 특히 밤에 옥수수에 굵은 씨알이 잘 선별된다. 배스와 블루길 서식하지만 성화는 거의 없는 편이다.

내비 입력: 나주시 세지면 오봉리 621-4

나주 문평천 하류

- 3~5월 산란기에 최고의 피크
- 여름 장마철 큰 비 오면 폭발적 조과
- 갓길에 바짝 붙여 주차 필수
- 영산강 수문 개폐 영향 동시에 받는다

양쪽 모두 60~70cm 수심 유지

1 문평천에서 월척을 걸어 파이팅을 벌이는 장면.
2 문평천에서 올린 허리급 월척.
3 여름에 녹조가 낀 문평천.

다시교

다시교 하류는 2~2.5m로 깊은 편

• 낚시터 프로필

문평천은 영산강 본류와 수문 없이 바로 연결되는 하천이다. 최고의 피크기는 봄 산란철로서, 이때가 되면 영산강에 있던 붕어들이 대거 문평천으로 올라와 한바탕 소동이 벌어진다. 이때만 잘 맞추면 누구나 살림망 가득 굵은 붕어를 낚을 수 있다. 호황기는 매년 달라지는데 보통은 3~5월 사이가 피크이며 이후 여름 장마철 오름수위 때 또 한 번 호황을 기대할 수 있다. 그 이후로는 대박과 쪽박이 교차할 정도로 조황 기복이 심하다. 하류 다리 밑부터 상류 방향 400m 구간은 양 연안 어디서나 낚시가 가능하다. 단, 봄을 제외한 시기에는 주요 포인트가 아니면 수풀로 뒤덮여 버린다. 강 폭은 50m 정도이며 수심은 60~70cm로 일정하다.

• 기본 정보

위치: 전남 나주시 다시면 복암리
주요 시즌: 3~5월, 그리고 여름 장마철 오름수위 때 피크를 맞는다.
평균 씨알: 중치급 붕어와 턱걸이 월척, 허리급, 4짜까지 고르게 낚인다.
외래어종&잡어: 배스, 블루길이 서식하며 살치, 누치 등의 잡어도 입질한다.

• 추천 미끼

초봄에는 지렁이가 최고의 미끼이다. 그 외의 시즌에는 글루텐이 잘 먹히며 잡고기 성화가 심할 때는 옥수수로 버텨보는 게 좋다.

• 참고할 점

낚시터 폭이 50m 정도로 좁아 양쪽 연안에 앉은 사람이 누구인지 구별이 될 정도이다. 따라서 서로 불편하지 않도록 정숙하고 예의를 지키는 게 필수다.

내비 입력: 나주시 다시면 복암리 896-3

나주 송림지

송림리

산포면사무소 방면

수몰나무 앞 명포인트
였으나 불법좌대 생긴
후 발길 끊어진 포인트.
연으로 덮여 작업 필요.

1.2~1.5m

길 막혀서 차
대고 바로 낚시

둠벙

물이 약간 빠져야
낚시 자리 나옴

1.2~1.3m

1.5~1.8m

1.5~1.8m

1.5~1.8m

나무 사이사이에
주차 자리 많음

1.5~1.6m

1.5~1.6m

길 옆으로 주차 가능

1 수몰나무 앞 포인트를 공략 중인 필자.
2 수시이 깊은 둠벙 포인트.

• 갈수기 때는 제방에만 물이 일부 남고 바닥을 드러낼 때가 있으나 여전히 어족자원이 잘 보존돼 매년 봄마다 4짜 붕어가 많이 낚이고 있다. 4짜 중반은 잘 나오고 후반급도 종종 낚이는 편이다.

1~1.2m   80cm
1~1.2m   80cm   80cm

• 낚시터 프로필

봄 산란기에는 빈자리가 없을 정도로 많은 낚시인이 몰리는 나주를 대표하는 낚시터 중 한 곳이다. 배스와 블루길이 서식 중이라 대물 붕어 자원이 많다. 봄을 넘기면 4짜급은 출현 빈도가 낮아지며 여름에는 마름이 밀생하고 배수도 심해져 낚시 여건이 나빠진다. 그래도 마름 제거 작업을 마친 후 낚시하면 월척~허리급 한두 마리는 어렵지 않게 낚을 수 있다. 마름에 자연구멍이 생기는 가을부터도 월척~허리급을 마릿수로 낚을 수 있는 찬스이다.

• 기본 정보

위치: 전남 나주시 산포면 신도리
만수면적&준공연도: 9만1천평/1958년
주요 시즌: 3월부터 본격적으로 시작되는 봄 시즌에 씨알과 마릿수 모두 탁월하다. 여름에는 배수와 수초 밀생으로 낚시가 다소 어렵다. 수초가 삭는 10월부터 가을낚시가 시작돼 길게는 12월 중순까지 이어진다.
평균 씨알: 7~9치급도 많지만 큰 놈들은 월척부터 4짜 후반급까지 낚인다.
외래어종&잡어: 배스와 블루길이 서식하고 있다.

• 추천 미끼

주 미끼는 글루텐과 옥수수다. 잡고기 성화가 덜할 때는 지렁이를 써볼만하다.

• 참고할 점

배스터이지만 살치도 조금 있고 유난히 블루길이 설칠 때가 많다. 잡어 성화가 심할 때는 딱딱한 미끼로 버티다가 성화가 줄면 글루텐이나 지렁이를 써보는 것도 좋은 방법. 송림지 4짜 출현 시간은 대중이 없어 밤을 새는 것을 추천한다.

내비 입력: 나주시 산포면 신도리 1037

나주 송현지

원래 떳장수초밭이었으나,
연으로 변해 포인트 사라짐

삼거리 코너에 주차

뗏장수초가 길어져 장대로
도 포인트 공략 힘들어짐

전남혁신도시 방면

1.5~1.7m

1.5~1.7m

2.5~3m

2.5~3m

길 막힘

봉황농공단지 방면

1 송현지 상류에서 대를 펴고 있는 필자.
2 드론으로 촬영한 제방 좌측 포인트.
3 송현지에서 낚은 허리급 붕어.

수초가 너무 폭넓어
공략 불가능

1.5~2.5m

2.5~3m

• 낚시터 프로필

봉황지로도 불리는 곳으로 상류 뗏장수초 포인트는
만수 시 봄에 노려볼만한 좋은 포인트였지만 2025
년 현재는 연으로 뒤덮여 작업하지 않으면 낚시가
힘들다. 송현지의 주목할 만한 시기는 10월 초로,
마름에 자연구멍이 생기기 시작하는 때부터 12월까
지이다. 겨울에도 붕어가 낚여 한때 겨울터로 유명
했지만 1, 2월에는 월척 또는 허리급 낱마리 조황이
라 큰 인기는 없는 편이다. 따라서 송현지에서 굵은
씨알로 손맛보기 좋은 시기는 10월 초부터 12월 초
까지이며 추천 포인트는 제방권이 가장 좋다. 제방
권에 자리가 없으면 좌측 연안을 추천한다. 뗏장수
초가 길어지면서 긴 대가 필요해졌다.

• 기본 정보

위치: 전남 나주시 봉황면
만수면적&준공연도: 6만6천평/1945년
주요 시즌: 가을 ~ 초겨울, 10월 초~12월 초까지
가 피크이다.
평균 씨알: 평소 준척급에서 턱걸이급이 주종이었
다가 가을부터 허리급이 많이 낚이기 시작하며 4짜
붕어도 섞여서 낚인다.
외래어종&잡어: 블루길이 서식한다.

• 추천 미끼

글루텐과 옥수수가 주로 잘 먹힌다.

• 참고할 점

준척 및 턱걸이 월척 자원이 많아 떡밥낚시로 손맛
보기 좋고 접근성이 좋아 옛날부터 나주를 대표하
는 유명 낚시터였다. 그러나 낚시 쓰레기 문제로 다
툼이 생겨 주민들이 제방 양쪽 입구를 바위로 막아
차량을 진입금지 시켰었다. 쓰레기 문제로 주민과의
갈등이 있었던 곳이니 청소와 주차에 더욱 신경써
야 할 곳이다.

내비 입력: 나주시 봉황면 송현리 931-2

나주 신포지

1.8~2m

1.8~2m

1.8~2m

1.3~1.5m

주민들이 마을 앞
연안낚시 제지

1 신포지 상류 물골자리.
2 신포지 상류 줄풀밭을 공략 중이다.
3 신포지에서 거둔 마릿수 조과.

왕곡면행정복지센터 방면 ↑

연밭 밀생
~1m
30~70cm

공산면사무소 방면 →

1m

낚시터 프로필

신포지는 40cm가 넘는 배스가 서식하고 배스도 있는 곳이지만 외래어종이 무색할 정도로 다양한 씨알의 붕어가 낚이는 곳이다. 잔챙이 붕어부터 대물에 이르기까지 붕어 자원이 넘친다. 그 영향으로 잔챙이를 피하기 위해 겨울과 봄에 주로 낚시를 한다. 앞으로 더 시간이 흘러 배스와 블루길 성화가 심해지면 붕어 씨알이 더 커지고 터 센 낚시터로 변할지 모를 일이다. 제방을 제외한 전 수면에 연을 비롯한 다양한 수초가 밀생해 있어 생자리라면 약간의 수초제거 작업이 필요하다. 겨울부터 초봄의 제방권에서는 4짜급도 가끔 낚이며 봄 시즌에는 상류권에서 9치급~허리급 붕어가 떼로 낚일 때가 있다. 대체로 2월까지는 중류와 하류권, 3월부터는 상류권이 포인트가 된다.

기본 정보

위치: 전남 나주시 왕곡면 신포리
만수면적&준공연도: 1만5천평/1945년
주요 시즌: 2월부터 이른 봄낚시가 시작된다. 이때는 주로 중하류권이 포인트가 된다. 3월부터는 상류권에서 산란 피크를 맞는다. 수초가 삭는 10월부터 초겨울까지 또 한 번 씨알 피크를 맞는다.
평균 씨알: 중치급부터 월척급이 많으며 4짜도 종종 올라온다.
외래어종&잡어: 배스와 블루길이 서식하고 있다.

추천 미끼

겨울에는 지렁이와 글루텐이 잘 먹히며 봄이 되면 상류에서 옥수수와 글루텐으로 낚시를 많이 한다.

참고할 점

겨울 시즌에는 아침 입질이 매우 활발하고 봄에는 햇살만 좋으면 낮부터 입질이 들어온다. 봄에는 최상류 30cm 수심에서도 밤낚시에 월척이 잘 낚이므로 극도로 얕은 수심이라도 도전해볼 필요가 있다.

내비 입력: 나주시 왕곡면 신포리 476-3

나주 용궁지

1.5~2m

1.5~2m

2~2.5m

길 막힘

2~2.5m

2.5~3m

2.5~3m

용산마을회관
방면

길가 대부분에
주차 가능

2.5~3m

양수 물 유입구

3~3.5m 가을~초겨울에는 제방에서 낚시 많이 함

1 만수 때 마름수초 포인트에서 월척을 뜰채에 담은 필자.
2 황금색을 짙게 띠는 일명 골드바 월척.

- 주차 후 포인트까지 가까운 게 장점
- 모내기 전까지가 최고의 씨알과 마릿수 피크
- 오른쪽 골은 진입로 없어 연안낚시 어려움
- 황금색을 띠는 일명 골드바 붕어가 주로 낚임

오른쪽 골은 진입로 없어 연안
낚시 어려움. 보트낚시만 성행

세지면사무소 방면

• 낚시터 프로필

나주 용궁지는 배스와 블루길이 서식 중인 양수형 저수지이다. 언뜻 보면 평지형 같지만 의외로 수심이 깊은 낚시터다. 시내에서 접근성이 좋고 주차 자리와 포인트까지의 거리마저 가까운 매우 편한 낚시터라고 할 수 있다. 외래어종이 있음에도 터가 지나치게 세지 않고 찌올림까지 좋다. 붕어들은 황금색을 띠는, 흔히 말하는 골드바급이 주로 낚인다. 턱걸이부터 33cm 전후급들이 가장 많으며 4짜도 종종 올라오고 있다. 같은 턱걸이 월척이라도 깊은 수심에서 올라오는 손맛이 매력적이다. 용궁지는 Y자 모양의 두 개의 골 중 낚시는 왼쪽 골에서만 주로 이루어진다. 오른쪽 골은 차량 진입이 어려워 연안 낚시인들은 들어가지 못하고 거의 보트낚시인만 찾고 있다.

• 기본 정보

위치: 전남 나주시 세지면 대산리
만수면적&준공연도: 4만8천평/1945년
주요 시즌: 4월 말부터 붕어가 잘 낚이기 시작해 5월에 피크를 맞는다. 현지 낚시인들은 모심기 직전까지를 최고로 친다. 6월 초까지 월척급이 낚이다가 더위가 시작되고 블루길 성화 심해지면 잔챙이 붕어가 덤비면서 씨알 피크는 일단락. 추수 때부터 허리급이 낱마리로 낚인다.
평균 씨알: 턱걸이부터 33cm 월척이 주종이며 더워지면 7~8치급도 많이 붙는다.
외래어종: 배스와 블루길이 서식한다.

• 추천 미끼

주 미끼는 글루텐과 옥수수이며 포인트마다 잘 먹히는 미끼가 있으므로 둘 다 써볼 필요가 있다.

• 참고할 점

일부 현지 낚시인들은 12월 말 눈 올 때도 떼월척을 낚은 적 있다고 말하지만 보통은 11월 말이면 시즌이 끝난다. 가을부터는 수심 깊은 중류와 제방권이 인기를 끈다.

내비 입력: 나주시 세지면 대산리 153-31

나주 월호지

백사리 방면

1.2~1.3m

1~1.2m

1.8~2m

1.8~2m

1.8~2m

밭이 생겨나면서
낚시 어려울 때
있음

대나무밭

공산면 방면

1 좌안 뗏장수초밭을 넘겨 붕어를 노리는 필자.
2 월호지에서 낚인 허리급 월척.
3 월호지 제방권. 주차 여건이 좋은 편이다.

1~1.2m

• 낚시터 프로필

나주시 공산면에 있는 2만평 규모의 평지지로 해빙기와 초봄에 4짜가 한 번씩 낚이는 대물터다. 외래어종으로 배스와 블루길이 서식하는 곳으로 평균씨알은 9치부터 허리급까지다. 보통의 배스터는 터가 세 꽝을 맞는 경우가 많지만 월호지는 마릿수 확률이 높은 편이다. 특히 글루텐을 미끼로 사용하면 중치급부터 월척까지 마릿수 조과도 가능하다. 월호지는 개구리밥이 많은 것이 특징이다. 바람에 따라 이곳저곳 밀려다니기 때문에 출조 전 바람 방향을 잘 파악해둘 필요가 있다. 인근 축사에서 풍기는 악취가 바람에 따라 밀려오는 건 단점이다. 주로 밤 늦게 입질이 오며 새벽부터 아침까지도 입질 확률이 높다.

• 기본 정보

위치: 전남 나주시 공산면 남창리
만수면적&준공연도: 1만8천평/1945년
주요 시즌: 해빙기인 2월 중순부터 낚시가 시작돼 3~4월에 피크를 맞는다. 겨울을 빼곤 그 외 계절에도 꾸준한 입질이 들어온다.
평균 씨알: 8치부터 월척급까지가 많다. 초봄에는 허리급부터 4짜까지 기대할 수 있다.
외래어종&잡어: 배스와 블루길이 서식한다.

• 추천 미끼

글루텐이 사철 미끼로 쓰인다. 옥수수를 미끼로 쓰면 큰 씨알을 기대할 수 있다.

• 참고할 점

바람 방향에 따라 축사 냄새가 날 때가 있으므로 냄새에 민감한 낚시인들은 불쾌할 수 있다. 최상류 밭자리는 농부들이 출입을 막는다.

내비 입력: 나주시 공산면 남창리 68-6

나주 장등지

광주시 광산구 방면

1~1.2cm

1~1.2cm

1~1.2cm

1~1.2cm

1~1.2cm

1~1.2cm

나주IC 방면

1 여름에 마름으로 뒤덮인 장등지.
2 우안 하류에서 큰 씨알의 붕어를 올린 필자.

- 2022년 이후 월척급 이상으로 계속 씨알 커지는 중
- 주 입질 시간은 초저녁부터 밤 10시경, 새벽 4시~오전 9시 무렵까지
- 여름 농번기 때는 배수로 인한 수위 변동 잦다
- 도로변 외에는 짐을 들고 많이 걸어가야 함

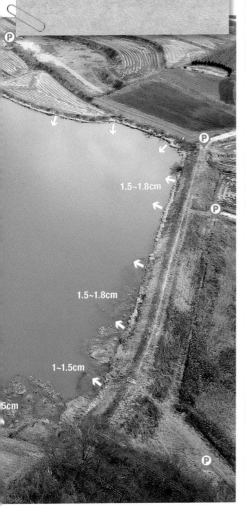

1.5~1.8cm
1.5~1.8cm
1~1.5cm
5cm

낚시터 프로필

2025년 현재 해마다 붕어 씨알이 커지고 있는 저수지다. 과거에는 커야 중치급이 대부분이었으나 배스와 블루길 영향으로 2020년 전후로는 턱걸이급 위주로 올라왔다. 그러더니 2022년 가을부터는 평균 씨알이 30cm 후반부터 4짜까지 낚이는 대물터로 변했다. 시간이 지날수록 점차 5짜터로 변할 것으로 전망된다. 저수지 옆으로 큰 도로가 있어 약간의 소음이 있는 것이 흠이나 조황에 영향을 주지는 않는다. 연안을 따라 뗏장수초와 줄풀이 자라고 여름에는 너무 무성해 어느 정도의 작업 후 낚시를 해야 한다. 붕어 외에 떡붕어와 잉어, 살치가 종종 낚이며 붕어의 주 입질 시간은 밤 10시경의 늦은 밤까지 그리고 새벽 4시부터 아침까지이다. 낮에는 쉬는 게 좋다.

기본 정보

위치: 전남 나주시 노안면 양천리
만수면적&준공연도: 6천평/1945년
주요 시즌: 봄 산란철과 수초가 삭기 시작하는 가을에 조황이 좋은 곳이다. 여름에는 밀생한 수초도 문제지만 배수가 잦기 때문에 낚시 타이밍 잡기가 쉽지 않다.
평균 씨알: 2025년 현재 큰 놈은 35~40cm급이 주로 낚이고 있다. 2026년부터는 5짜에 가까운 씨알도 낚일 것으로 예상하고 있다.
외래어종&잡어: 배스와 블루길이 서식하며 살치도 종종 미끼를 건든다.

추천 미끼

계절 상관없이 글루텐이 잘 먹힌다. 큰 씨알만을 노릴 때는 옥수수도 인기가 높다.

참고할 점

주변에 논이 많아 농번기에는 배수를 많이 하는 곳으로 배수기를 피하는 것이 조과의 관건이다. 대부분 포인트가 주차 후 짐을 갖고 많이 들어가야 하는 점은 단점이다.

내비 입력: 나주시 노안면 양천리 298-2

나주 학동지

학동리 마을

1.5~2m

1.5~2m

1.8~2.5m

2.5~3m

2.5~3m

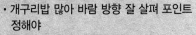

1 제방에서 산밑을 노리고 있는 필자.
2 학동지에서 필자가 올린 허리급 월척.

- 개구리밥 많아 바람 방향 잘 살펴 포인트 정해야
- 12월에도 글루텐에 월척급 잘 낚임
- 상류까지는 걸어서 진입해야해 다소 불편함
- 밤낚시에 입질 활발하나 시간대는 매번 달라져

1.5~2m

2.5~3m   2.5~3m

• 낚시터 프로필

배스와 블루길이 서식하는 대물터로서 2019년에 제방 및 제방 좌측 새물 유입구 일대를 새롭게 정비했다. 그 이전에는 제방 외에는 진입 여건이 나빠 접근성이 매우 떨어졌는데 공사 후 여건이 좋아지면서 발길이 잦아진 곳이다. 학동지는 유독 개구리밥이 많아 바람에 의한 포인트 변화가 심한 곳이다. 수면에 바람이 불면 깨끗했던 수면에까지 개구리밥이 밀려들어 포인트를 망쳐놓기 때문이다. 따라서 출조전 바람의 세기, 바람 방향 등을 미리 살펴본 후 포인트를 정하는 게 좋다. 붕어 씨알은 중치급부터 최대 35cm 내외의 허리급까지 올라온다. 주로 밤낚시에 입질이 활발한데 입질 시간은 특별히 정해져 있지 않다. 그래서 어쩔 수 없이 날밤을 새야하는 게 약간 피곤하다.

• 기본 정보

위치: 전남 나주시 문평면 학동리
만수면적&준공연도: 3천평/1945년
주요 시즌: 봄부터 낚시가 되지만 개구리밥이 밀려들면 낚시 여건이 나빠진다. 추수가 끝나고 개구리밥이 삭아 내리는 시기부터 낚시 여건이 좋아진다. 12월에도 글루텐에 월척급이 자주 올라와 겨울터로 인기가 높다.
평균 씨알: 8치급부터 35cm 전후 허리급까지 고루 낚인다.
외래어종&잡어: 배스와 블루길이 서식한다.

• 추천 미끼

글루텐이 주로 잘 먹히며 현지인들은 릴낚시에 지렁이를 미끼로 달아 큰 씨알을 낚아내고 있다.

• 참고할 점

학동지의 주요 포인트 구간인 좌안부터 상류까지는 대부분 논이다. 따라서 농번기 때는 농민들의 작업에 방해가 되지 않도록 주차에 각별한 신경을 써야할 것이다.

내비 입력: 나주시 문평면 학동리 134-26

화순 금전지

하류는 급경사에 수심까지
깊어 낚시 여건 불리.

팬션단지

전망대

금전지는 주로 상류권에서
만 낚시가 이루어진다.

상류권 수심은 전역이
평균 1.5m이며 하류
로 갈수록 깊어진다.

1.5~1.7m

1 오름수위 때 금전지에서 낚은 폭발적인 조과.
2 상류 한천천 새물 유입구 인근 포인트.
3 금전지에서 올린 39cm 붕어를 들고 있는 필자.

한천천이 흘러드는 새물 유입구. 큰 비가 온 후에는 채비가 흐르는 경우가 있다.

1.5~1.7m

정자

본부석 가능한 공터

화장실

정자

• **낚시터 프로필**

금전지는 배스 블루길이 득실대는 계곡지다. 2015년 무렵까지는 커야 9치에서 턱걸이 붕어가 주종이었다면 2025년 봄 현재는 허리급과 4짜가 주종일 정도로 씨알이 커졌다. 금전지에서 대물을 만날 수 있는 방법은 크게 두 가지이다. 일단 깨끗한 바닥을 찾는 것이다. 금전지 바닥에는 죽은 고사목과 삭은 수초가 많기 때문에 이런 곳을 피하는 게 급선무. 또 하나는 블루길 극복이다. 크게 계절과 시간대로 나뉠 수 있는데 주로 이른 봄에 활성이 약하기 때문에 적극적으로 노려볼 때다. 그 다음은 블루길 활성이 매우 저하되는 밤 시간을 노리는 것이다.

• **기본 정보**

위치: 전남 화순군
만수면적&준공연도: 14만2천평/1962년
주요 시즌: 아무래도 블루길 성화가 덜한 이른 봄이 최고의 피크이다. 산란철인 3~4월을 추천한다.
평균 씨알: 허리급과 4짜가 주종일 정도로 씨알이 굵게 낚인다.
외래어종&잡어: 배스와 블루길이 서식하고 있다.

• **추천 미끼**

블루길이나 잡고기 성화가 없을 때는 글루텐, 성화가 심할 때는 옥수수가 가장 좋다. 극심한 블루길 성화에 메주콩을 써봤지만 별다른 효과는 보지 못했다.

• **참고할 점**

블루길 탓에 주 입질 시간은 해질녘부터 밤 12시(자정) 무렵이다. 그 이후로 새벽에는 드물게 입질이 들어오며 아침 입질은 거의 없는 편이다. 다만 아침 9시를 넘겨 두세 번 입질이 오기는 한다.

내비 입력: 화순군 한천면 금전리 5

영광군

장성군

담양군

곡성군

구

함평군

광주광역시

나주시

화순군

순천시

무안군

목포시

영암군

장흥군

보성군

강진군

고흥군

해남군

완도군

Part 3

영암 장흥 보성

- 영암 금지지
- 영암 만수지
- 영암 학파1호지

- 장흥 가학지
- 장흥 삼산호
- 장흥 수동2지
- 장흥 포항지

- 보성 감동지
- 보성 대곡지
- 보성 신방지

영암 금지지

물 빠지면 걸어 들어가 낚시 가능

줄풀, 갈대

부들 포인트

1m

1m

연 포인트

50~80cm

50~80cm

1.2~1.8m

1.2~

마을회관
(뗏장수초가 잘 발달해 있으나
마을 이장이 마을회관 앞은
낚시 못하게 함)

1 금지지에서 가장 낚시 여건이 좋은 제방권. 제방 우안에서 붕어를 노리고 있다.
2 금지지에서 올라온 때깔 좋은 붕어들.
3 금지지 상류권에서 삭은 마름 주변에서 붕어를 끌어내는 장면.

※여름에는 제방권 외에 낚시자리가 거의 없음. 생자리를 파야 함.

마름, 뗏장수초

무넘기
2~3m

m

2~2.5m

머리·위 전깃줄 주의. 차대고 바로 낚시 가능

나주 방면

영암, 시종 방면

낚시터 프로필

금지지는 평지형 저수지로 영암을 대표하는 유명 붕어낚시터다. 규모가 크고 곳곳에 포인트가 많으며 붕어 자원이 많은 것이 특징이다. 어느 한 포인트만 좋은 게 아니라 한 번 붕어가 낚이기 시작하면 전체적으로 호황을 보인다. 봄에는 조황 기복이 약간 있으며 수위가 100%에 달하는 만수위를 보일 때 호황을 보인다. 여름에는 큰 비가 오면 저수지 전체가 황톳물로 변해 한 달 이상 갈 때가 있다. 그래도 붕어는 낚인다. 가을에는 무성했던 마름 구멍을 노리면 어렵지 않게 월척을 낚아낼 수 있다. 10월 초 마름구멍이 열릴 때가 찬스이다. 한편 금지지에서는 몇 년에 한 번씩 붕어가 죽어서 뜨는 경우가 있는데 정확한 이유는 알려지지 않는다. 2024년 봄에도 수백 마리의 월척급이 죽었으나 조황은 꾸준하게 이어졌다.

기본 정보

위치: 상류-영암군 신북면 월지리, 하류-영암군 시종면 금지리
만수면적&준공연도: 11만5천평/1945년
평균 씨알: 9치부터 허리급까지 다양한 씨알이 낚이며 가장 흔한 씨알은 31~34cm까지다.
외래어종&잡어: 배스, 블루길, 살치가 서식한다.

추천 미끼

초봄에는 상류에서 지렁이와 글루텐이 잘 먹힌다. 여름 이후에는 옥수수에 씨알이 굵게 낚인다.

참고할 점

농촌용수정보시스템상(https://rawris-am.ekr. or.kr/wrms/)상 수량이 80% 정도면 최상류 수심이 40cm 정도로 낮아져 봄낚시는 불편하다. 따라서 미리 수위를 살펴볼 필요가 있다.

내비 입력: 상류-영암군 신북면 월지리 689-1, 하류-영암군 시종면 금지리 399-7

영암 만수지

0.7~1m

1~1.2m

1~1.5m

1.2~2m

1.2~2m

시종면시사무소 방면

1 여름날의 잔잔한 수면에 세워 놓은 찌들.

- 영산강에서 물을 퍼 올려 담수하는 곳이다. 하절기에는 마름이 빼곡해 낚시가 거의 불가능하다. 봄 산란기 때 가장 활발한 입질을 받을 수 있고 붕어 씨알도 굵게 낚인다.

~1m

- 수초 지역을 노리려면 좌우안 상류까지 발품을 팔아야하는 수고는 있지만 진입만 하면 확실한 조과를 보장 받는다. 겨울에는 블루길 활성이 낮아 지렁이 미끼를 사용해볼만하다.

• 낚시터 프로필

영산강에서 물을 퍼 올려 담수하는 곳으로 언제나 수량이 풍부한 곳이다. 만수면적 2만3천 평 규모이며 뗏장수초, 줄풀 등 수초 분포가 다양해 그림 같은 경치가 눈에 띈다. 사계절 낚시가 가능하지만 늦가을에 마름이 삭아드는 시기가 좋다. 이때 물색도 탁해져 짧은 낚싯대로도 대물 붕어를 올릴 수 있다. 연안에 자라 있는 뗏장수초와 마름수초의 경계지점을 수초 제거 작업하고 찌를 세우면 수월하게 입질을 받을 수 있다. 낮낚시 보다는 밤낚시가 유리하다 .상류 지역은 초봄 산란기 때 강세를 보이지만 여름에는 무성한 잡풀로 인해 진입이 수월치 않다. 여름에는 비교적 마름이 많이 자라지 않는 제방권이 포인트가 된다.

• 기본 정보

위치: 전남 영암군 시종면 만수리
만수면적&준공연도: 2만4천평/1945년
주요 시즌: 최고의 시즌은 마름이 수면까지 자라 올라올 때이다. 봄에는 제방 좌측과 우측 상류가 특급 포인트가 된다. 이 포인트까지는 걸어서 진입해야 하는 번거로움이 있지만 진입만 하면 대물 붕어를 수월하게 만날 수 있다.
평균 씨알: 7치부터 허리급까지 다양하게 낚인다.
외래어종&잡어: 블루길, 배스가 서식하고 있다.

• 추천 미끼

대체로 글루텐과 옥수수 미끼가 잘 먹힌다.

• 참고할 점

하절기에는 제방을 제외하고는 전역에 마름과 뗏장수초가 무성한 곳이다. 따라서 포인트를 개척하기 위해서는 수초제거기와 낫 등을 필수적으로 지참해야 한다.

내비 입력: 영암군 시종면 만수리 산31-2

영암 학파1호지

배수펌프장

1.5~2.5m

1.2~1.5m

늦가을 포인트

본부석자리

서호면소재지 방면

1 도로변 앞 연안에 자리를 잡은 낚시인들.
2 학파1호지에서 허리급 월척을 올린 천류 필드스탭 팀장 김중석 씨.

- 붕어 자원이 많은 저수지로 하절기에는 마름이 가득 차 낚시가 어렵다.
- 주요 시즌은 봄철과 10월 이후의 가을 무렵이며 이때 허리급이 잘 낚인다.
- 벚꽃이 필 무렵에 붕어 조황이 뛰어나다.
- 글루텐과 옥수수가 잘 먹히며 겨울에는 지렁이에 큰 씨알이 잘 낚인다.

남해고속도로 방면

명지저수

1.2~1.5m

봄철 산란기 포인트

0.5~1m

• 낚시터 프로필

영암군에서 가장 큰 규모를 자랑한다. 규모만큼이나 붕어자원을 많이 품고 있다. 상류를 가로지르는 지방도로를 기점으로 낚시인들은 상류를 윗저수지, 하류 쪽을 아래저수지로 부른다. 2월 말 산란을 위한 붕어들이 수심이 얕은 윗저수지로 몰려들 때 낚시인들도 함께 몰린다. 이때 낚이는 붕어는 35cm 이상 허리급에서 4짜에 이르기까지 굵다. 산란 이후에는 도로가에 가로수로 심어져 있는 벚꽃이 필 무렵 저수지 전역이 포인트가 된다. 12월이 되면 지렁이 미끼에 쉽게 입질을 받을 수 있으나 이때는 가급적 4칸 이상의 긴 대를 쓰는 게 유리하다.

• 기본 정보

위치: 전남 영암군 서호면 엄길리
만수면적&준공연도: 31만2천평 /1945년
주요 시즌: 본격 시즌은 2월 말이다. 이른 산란기이지만 씨알 굵은 붕어들이 알자리를 찾기 위해 예상보다 빨리 최상류로 거슬러 오른다. 산란 이후에는 벚꽃이 피는 시기와 수면에 마름이 보이기 시작할 때 마릿수 조과를 누릴 수 있다. 하절기에는 마름이 많아 낚시가 어렵다.
평균 씨알: 중치급부터 고루 낚이며 허리급과 4짜 자원도 많은 편이다.
외래어종&잡어: 1995년 무렵부터 블루길, 배스가 서식하고 있다.

• 추천 미끼

평소에는 글루텐과 옥수수가 주요 미끼이다. 겨울에는 지렁이도 잘 먹힌다.

• 참고할 점

영암 지역 최고의 붕어낚시터이지만 배스 낚시인들에게도 인기 만점인 낚시터이다. 붕어 포인트로는 줄풀 지역과 갈대와 같은 정수수초가 자라는 지역을 놓쳐서는 안된다. 연안에 즐비하게 자란 갈대 언저리에서도 쉽게 입질을 받아낼 수 있다.

내비 입력: 영암군 서호면 엄길리 37-3

장흥 가학지

대덕천

보조제방은 갈수 때 걸어 들어가 낚시 가능.

2~2.5m

2~2.5m

2~2.5m

2~2.5m

3~3.5m

3~3.5m

산 밑 포인트는 급경사 지대로
갈수기 때 낚시 여건이 좋아진다.

1 물 빠진 가학지 제방을 공략 중인 낚시인들.
2 가학지에서 낚인 붕어와 가물치.
3 드론으로 촬영한 가학지. 바다와 접해 있다.

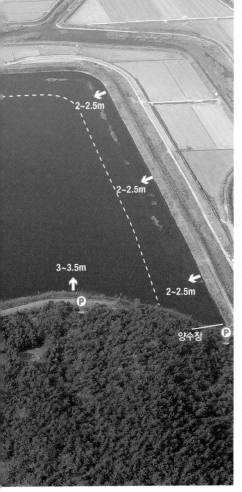

2~2.5m
2~2.5m
3~3.5m
2~2.5m
P
양수장 P

낚시터 프로필

10만평 규모의 평지지로 대덕천 물을 양수해 담수하는 저수지이다. 90년대 포항지와 더불어 최고의 대물터로 명성을 날렸던 곳이다. ㄷ자형 제방을 따라 보조제방이 물속에 쌓여 있다. 대체로 만수위 때보다는 배수가 되어 보조제방이 드러났을 때 붕어 씨알이 굵게 낚인다. 갈수기 때는 산 쪽 도로 밑이 포인트가 되는데 수심이 깊은 급경사 지역이다. 이곳에는 흘러내린 바위와 자갈이 많이 쌓여 있어 생미끼를 활용하면 굵은 장어도 덤으로 낚을 수 있다. 블루길이 서식하지만 새우와 참붕어도 서식하므로 채집해 미끼로 활용하면 씨알 굵은 붕어를 골라서 낚을 수 있다. 갈수가 되어 보조제방이 드러나면 그곳까지 걸어 들어가 낚시가 가능하다.

기본 정보

위치: 전남 장흥군 대덕읍 가학리
만수면적&준공연도: 10만평/1978년
주요 시즌: 가학지는 예전부터 가을 낚시터로 불릴 정도로 추수 전후에 마릿수 월척을 낚아낼 수 있는 곳이다. 마름이 삭아서 마름 줄기가 힘이 없을 즈음인 11월 초순경부터 피크를 이룬다.
평균 씨알: 25~28cm의 중치급과 턱걸이 월척이 주로 낚이며 간혹 4짜 붕어가 섞인다.
외래어종&잡어: 블루길이 서식하고 있다.

추천 미끼

모든 미끼가 잘 먹히는 저수지이지만 새우와 참붕어에 붕어 씨알이 굵고 입질도 빠른 편이다.

참고할 점

양수장 인근이 특급 포인트이다. 그러나 양수할 때 엄청난 물을 퍼 올리므로 안전에 주의해야 한다. 양수장에서 가급적 떨어져 포인트를 잡는 게 좋다.

내비 입력: 장흥군 대덕읍 가학리 921

장흥 삼산호

둠벙형 수로

• 상류 둠벙형 수로는 가을부터 중치급을 마릿수로 올릴 수 있는 포인트로 삼산호 조황이 좋지 않을 때 포인트를 옮겨 볼만하다.

0.8~1.2m

0.8~1.2m

0.8~1.2m

1 도로변에서 삼산호를 살펴보고 있는 낚시인들.
2 삼산호에서 낚인 붕어들.
3 여름이 되면 다양한 수초가 수면에 자라난다.

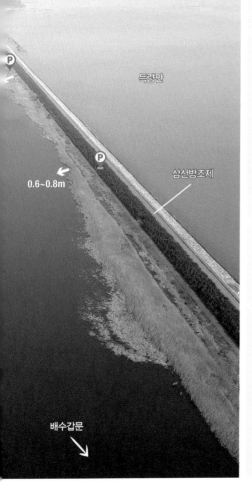

득량만

0.6~0.8m

삼산방조제

배수갑문

• 낚시터 프로필

삼산호는 삼산방조제를 축조하면서 생겨난 장흥군 유일의 간척호이다. 주요 포인트는 좌안 '정남진전망대' 앞에서 상류로 이어지는 농로를 따라 펼쳐져 있다. 갈대와 줄풀 그리고 부들이 자생하고 여름철에는 마름도 무성하게 자란다. 큰 사이즈의 대물 붕어보다는 27~29cm급 붕어가 마릿수로 낚이며 월척은 33~34cm가 주류를 이룬다. 삼산호 상류 북쪽으로는 둠벙형 수로가 있다. 삼산호 본류 조황이 여의치 않으면 상류 수로에서 낚시해 볼 필요가 있다. 특히 겨울철에 옥수수와 지렁이로 공략하면 준척급 이상의 붕어를 마릿수로 낚을 수 있어 의외로 재미가 좋은 곳이다. 방조제 남쪽으로는 득량만 바다가 펼쳐져 있고 바다낚시도 가능하다.

• 기본 정보

위치: 전남 장흥군 관산읍 삼산리
만수면적&준공연도: 45만평/2009년
주요 시즌: 연중 낚시가 가능하지만 한 겨울철에 냉수대가 형성되어 물색이 맑으면 입질 받기 어렵다. 그 외 계절에는 언제나 낚시가 가능하며, 추수를 전후로 붕어의 씨알이 굵게 낚이는 특징을 보인다.
평균 씨알: 27~29cm급이 주로 낚인다. 월척은 턱걸이에서 35cm 이하급이 주종이다.
외래어종&잡어: 블루길이 서식하고 있다.

• 추천 미끼

간척호답지 않게 생미끼보다는 식물성 미끼인 옥수수와 글루텐에 입질이 빠르다. 상류 둠벙형 수로에서는 지렁이가 특효일 정도로 잘 먹힌다.

• 참고할 점

배수갑문을 통해 배수할 때는 삼산호 물이 계곡물 흐르듯 일순간에 바다로 흘러나가므로 안전에 주의해야 한다.

내비 입력: 장흥군 관산읍 삼산리 2000-18

장흥 수동2지

대덕읍 방면

새물 유입구

P

1~1.2m

P

P

1.2~1.5m

무넘기

무넘기 좌측부터 상류로 이어지는 구간이 진입도 수월하고 붕어 씨알도 굵게 낚이는 편이다.

P

1.2~1.5m

1.5~2m

제방권은 석축이라 좌대 설치가 필수적이다.

P

1 수동2지의 갈대밭 포인트.
2 수동2지에서 낚인 튼실한 월척.
3 드론으로 촬영한 수동2지 코너 포인트.

• 낚시터 프로필

수동2지는 어은지라고도 불린다. 1966년에 축조되었으며 7만2천평 규모의 평지지다. 상류 천관산(해발723m)에서 흘러든 물을 그대로 담수해 수질이 좋다. 배스가 서식하고 있어 붕어 씨알이 굵게 낚인다. 여름에는 수면 전역이 마름으로 가득 차 낚시할 공간이 부족한 게 흠이다. 마름이 삭는 늦가을부터 결빙 직전까지는 조황도 좋고 씨알도 굵게 낚인다. 밤낚시보다는 낮낚시가 잘 되는 특징을 갖고 있다. 2025년 현재 배스터이기는 하지만 가장 많은 월척은 턱걸이급이며 허리급과 4짜는 종종 섞여 낚이는 편이다. 무넘기 좌측부터 상류로 이어지는 구간이 진입도 수월하고 붕어 씨알도 굵게 낚이는 편이다. 제방권은 석축이라 좌대 설치가 필수적이다. 대덕읍 방면으로 1.5km 정도 가면 수동1지가 나온다.

• 기본 정보

위치: 전남 장흥군 관산읍 외동리
만수면적&준공연도: 11만7천평/1966년
주요 시즌: 대체로 10월 중순경부터 호시즌에 접어든다. 수초가 삭는 4월경 정수수초인 부들 싹이 보일 때부터 마름소초 잎이 수면 가까이 자랄 때가 최고 피크이다.
평균 씨알: 25~29cm 중치급이 많으며 월척은 턱걸이급이 주종을 이룬다.
외래어종&잡어: 배스가 서식하고 있다.

• 추천 미끼

글루텐과 옥수수 미끼가 잘 먹히는 곳이지만 수온이 떨어진 늦가을부터는 지렁이도 잘 먹힌다.

• 참고할 점

따뜻한 남쪽 지방에 위치해 산란이 빠른 편이다. 2월 말에 4짜급 붕어는 이미 산란을 마칠 정도이다. 따라서 다른 낚시터들보다 발 빠른 출조가 요구된다.

내비 입력: 장흥군 관산읍 외동리 971

장흥 포항지

대덕읍

대덕읍 방면

제1부댐
(진입금지)

제2부댐
(진입금지)

1~1.5m

1~1.5m

1~1.2m

1.2~1.5m

회진면 방면

1 초봄의 장흥 포항지 연안에서 붕어를 노리는 낚시인들.
2 포항지에서 올라온 마릿수 붕어.

- 상류에 부댐이 생겨나고 부분적으로 준설을 한 후부터 붕어 씨알이 굵어졌다.
- 원래는 마름이 가득 찬 곳이었으나 점차 연이 확산되면서 연안에서 짧은 대로도 낚시가 가능해졌다.

신흥마을

회진수로

1.2~1.5m

1.2~1.5m

• 낚시터 프로필

장흥군 내 수많은 붕어터 중 대물 붕어를 가장 많이 배출해내는 곳으로 인기가 높은 곳이다. 상류 쪽 천관산(해발723m)에서 흐르는 물을 담수하는 전형적인 평지지이다. 연안과 중심부 수심이 1.8~2m로 얕은 편이다. 연안에 줄풀과 부들, 갈대가 자생하고 있으며 여름철에는 마름이 빼곡하게 들어찬다. 2020년 이후 연이 빠른 속도로 퍼져 전 연안으로 확산됐다. 연 외에도 각종 수초가 밀생해 그 속에 사는 다양한 미생물을 잡아먹어서인지 붕어의 성장이 빠른 편이다. 2020년 무렵 제방공사와 준설공사 그리고 상류에 2개의 부댐을 설치하면서 수질이 좋아졌다. 2020년 이후 배스가 유입되어 붕어 씨알은 갈수록 커질 전망이다. 여름철부터는 바닥에 청태가 끼는 구간이 많아지므로 다소 시간이 걸리더라도 바닥을 긁어보고 깨끗한 바닥을 찾는 게 관건이다.

• 기본 정보

위치: 전남 장흥군 대덕읍 연지리
만수면적&준공연도: 11만4천평/1945년
주요 시즌: 연중 낚시가 잘되지만 씨알과 마릿수의 정점은 4월부터 5월 모내기철 배수 직전까지이다.
평균 씨알: 28~29cm이 주종이며 월척은 턱걸이급부터 허리급이 가장 많이 낚인다.
외래어종&잡어: 2015년 무렵부터 블루길, 배스가 유입되어 서식하고 있다.

• 추천 미끼

글루텐과 옥수수 미끼가 잘 먹히는 특징을 보이지만 수온이 떨어지는 늦가을부터는 지렁이도 잘 먹힌다.

• 참고할 점

하절기에 연 잎이 왕성하게 자라 있을 때는 연 군락 끝나는 지점과 마름이 연결되는 끝자락에서 글루텐에 입질이 빠르다.

내비 입력: 장흥군 대덕읍 연지리 288-1

보성 감동지

새물유입구

새물 유입구

1.2~1.5m

1.2~1.5m

1.2~1.8m

무넘기

1.5~2m

※1월 중순에서 2월 말까지는 수풍지 무넘기를 통해 내려오는 물골을 중심으로 포인트가 형성되며 지렁이와 글루텐에 4짜 붕어가 출현 확률 높다.

1 감동지에서 올라온 준척과 월척들.
2 감동지 상류 논둑에서 붕어를 노리는 낚시인들.

- 저수지 연안에 마사토 지역이 많아 글루텐에 깔끔한 찌 올림을 볼 수 있다.
- 산란 즈음에는 좌안 무넘기를 기점으로 상류로 이어지는 연안 갈대밭이 특급 포인트이다.

감동마을

12월 중순부터 2월 초 사이 육초지대를 벗어난 지점에서 4칸 이상 긴 대에 4짜가 곧잘 낚인다.

수풍지

1.5~2m

1.5~2m

낚시터 프로필

득량만 간척지에 농업농수를 공급할 목적으로 축조된 저수지이다. 한때 보성 지역 최고의 대물터로 유명했던 곳으로, 낚였다 하면 35cm 전후의 붕어가 올라와 명성을 날렸다. 그러나 2025년 현재는 월척보다 27~29cm의 중치급 마릿수 붕어터로 변모했다. 블루길이 워낙 많아 여름에는 모든 미끼에 반응할 정도로 피곤하다. 그러나 수온이 떨어지는 늦가을부터 이른 봄 사이에는 지렁이 미끼에 씨알 좋은 붕어가 낚인다. 가을 시즌에는 준척급 붕어에 턱걸이급 월척이 하룻밤에 서너 마리씩 섞여 낚이고 1월과 2월에도 4짜 이상의 붕어가 낚이는 저수지이다.

기본 정보

위치: 전남 보성군 조성면 덕산리
만수면적&축조연도: 2만7천평/1979년
주요 시즌: 한 여름만 제외하고 봄, 가을, 겨울에 걸쳐 낚시가 가능하다.
평균 씨알: 한여름에는 24~26cm 붕어가 마릿수로 낚이지만 2월과 3월에는 연안 갈대밭에서 허리급~4짜에 이르는 굵은 붕어가 낚인다.
외래어종&잡어: 배스와 블루길, 살치가 서식한다.

추천 미끼

수온이 낮은 2~3월은 지렁이가 잘 먹힌다. 4월 이후에는 바닥이 깨끗한 지역에서는 글루텐, 육초 찌꺼기와 마름 줄기가 식어 들고 있을 때는 옥수수가 유리하다.

참고할 점

제방 좌측 연안에 갈대가 자생하는 곳이 주요 포인트가 되지만 진입에 다소 어려운 점이 있다. 상류에 경작하고 있는 논두렁이 훼손되지 않도록 진입 시 각별한 주의가 요구된다.

내비 입력: 보성군 조성면 덕산리 292

보성 대곡지

수심이 다소 깊고 제방에 차량
진입 불가해 낚시 어려운 구간

※상류에 있는 중촌지에서
참붕어 미끼 채집이 가능하다.

1~2m

무넘기

1.5~2m

1.5~2m

1.5~2m

조성역 방면

1 물이 맑고 경치가 뛰어난 보성 대곡지.
2 대곡지에서 올라온 붕어들. 준척부터 월척까지 다양한 씨알이 낚인다.

• 대단위의 득량만 간척지에 농사용 물을 공급하기 때문에 모내기철 배수할 때는 상류가 드러난다. 이때 육초가 자라나는데 큰 비가 와 다시 물이 차오르면 채비 안착이 어렵고 채비 뜯김현상이 많아지니 주의해야 한다.

새물 유입구

보성CC

4륜자동차 진입가능

2~2.5m

중촌지

1~1.8m

1~1.5m

2월 말부터 3월 말 사이 산란기에 마릿수 붕어와 4짜 출몰 확률 높은 구간.

1.5~2m

• 낚시터 프로필

대곡지는 토종붕어와 떡붕어가 함께 낚이는 낚시터다. 계절별 붕어 씨알이 뚜렷하게 차이 나는 곳으로 토종붕어 개체수가 많은 것으로 유명하다. 계곡지에 가까운 형태지만 붕어낚시가 빨리 시작되는 곳이다. 2020년 이후 산책용 데크길이 생기면서 진입이 다소 불편해졌지만 상류 도로가 넓어 주차에는 불편함이 없다. 연안에 뗏장수초가 밀생해 있고 무넘기 주변에 갈대도 분포해 붕어의 서식 여건이 좋은 편이다. 토종붕어의 경우 4짜까지 낚이며 떡붕어는 기본이 35cm일 정도로 씨알이 굵은 편이다.

• 기본 정보

위치: 전남 보성군 조성면 대곡리
만수면적&축조연도: 6만9천평/1978년
주요 시즌: 2월 중순부터 시즌이 시작되며 이때는 지렁이 미끼 낮낚시에 4짜 붕어를 낚을 수 있다. 벚꽃이 피기 시작할 무렵인 4월 초순 이후 참붕어를 미끼로 사용하면 월척 이상의 붕어를 쉽게 낚을 수 있다. 6월과 10월에는 글루텐에 월척 전후 붕어가 잘 낚인다.
평균 씨알: 7~8월 무더운 여름 날씨에는 15~18cm가 주류. 봄과 가을에는 31cm 전후의 턱걸이 월척이 마릿수로 낚이며 가끔 4짜 초반의 4짜 붕어가 낚인다.
외래어종&잡어: 배스와 블루길이 서식하고 있다.

• 추천 미끼

이른 봄에는 지렁이, 붕어 산란이 끝난 이후 참붕어 산란기 때는 참붕어를 미끼로 사용하면 씨알 굵은 붕어를 만날 수 있다. 가을에는 글루텐에 씨알이 굵게 낚인다.

내비 입력: 보성군 조성면 대곡리 222-3

보성 신방지

새물 유입구

0.8~1m

1.8~2m

산란기 명당

1~1.2m

1~1.2m

1.5

무넘기

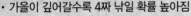

1 갈수로 바닥이 드러난 신방지에서 낚시를 즐기는 모습.
2 3면이 제방 형태를 띤 신방지.

- 가을이 깊어갈수록 4짜 낚일 확률 높아짐
- 겨울~봄 사이에는 북서풍을 안고 낚시해야 보온에 유념할 것
- 모내기 이후 갈수 시 도꼬마리풀이 번성해 채비 손실 심함

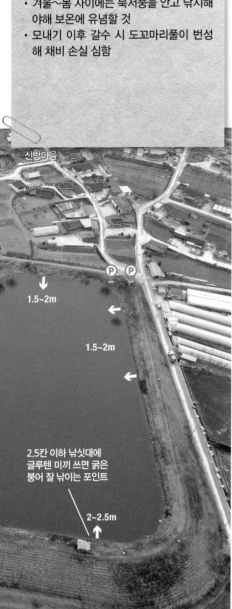

신방마을

P P

1.5~2m

1.5~2m

2.5칸 이하 낚싯대에 글루텐 미끼 쓰면 굵은 붕어 잘 낚이는 포인트

2~2.5m

• 낚시터 프로필

인근 감동지와 더불어 보성을 대표하는 대물 붕어터다. 3면이 제방으로 이루어져 있어 곳곳에 포인트가 산재한다. 겨울을 제외하면 수위가 항상 50~60%를 유지하는 곳으로 주로 무넘기 주변, 좌안 중류부터 상류까지가 핵심 포인트다. 제방을 기준으로 왼쪽 연안은 평소 잠긴 육초가 많아 채비 안착이 어렵다. 이때는 4칸 이상의 긴 대를 활용하면 맨바닥을 노릴 수 있어 채비 안착이 수월하다. 초여름 장마철 상류에서 새물이 유입될 때 대물이 잘 낚인다. 신방마을 입구 쪽 오른쪽 제방 연안은 수심이 깊으면서 바닥도 깨끗하다. 하지만 겨울부터 봄철까지 북서풍을 그대로 안고 낚시를 해야 하는 단점이 있다. 초저녁에 한차례 기회가 오지만 자정 이후부터 동 틀 무렵까지 입질이 빈번하다.

• 기본 정보

위치: 전남 보성군 조성면 봉능리
만수 면적과 축조연도: 2만1천평/1978년
주요 시즌: 봄철 산란기와 초여름 장마철에 입질이 활발하다. 특히 장마철에는 붕어와 잉어가 함께 산란하며 상류 물골지대에서 입질이 집중된다.
평균 씨알: 한여름에는 준척급 붕어가 잘 낚인다. 가을에 33cm 전후의 월척이 밤낚시에 잘 낚이며 늦가을로 접어들면 4짜 붕어도 종종 낚인다.
외래어종&잡어: 배스와 블루길, 살치 등이 서식한다.

• 추천 미끼

블루길이 유독 많아 식물성 미끼가 잘 먹힌다. 특히 글루텐에 집어가 되면 몰아치기로 낚인다는 장점이 있다. 바닥상태에 따라 옥수수 미끼를 활용해도 된다.

• 참고할 점

모내기 이후 여름 갈수기 때 무성하게 자란 도꼬마리풀이 장마 때 물에 잠기며 지뢰밭처럼 엉켜있게 된다. 이때는 바닥이 깨끗한 곳을 찾는 게 필수이다.

내비 입력: 보성군 조성면 봉능리 430

- 순천 금동지
- 순천 대동지
- 순천 용곡지

- 광양 수어천 진상수로
- 광양 신금지
- 광양 차사지

- 여수 덕곡지
- 여수 복산지
- 여수 풍류지

신안군

영광군

장성군

담양군

함평군

광주광역시

무안군

나주시

화순군

목포시

영암군

장흥군

강진군

진도군

해남군

완도군

Part 4

순천
광양
여수

곡성군

구례군

순천시

광양시

여수시

고흥군

순천 금동지

여름 갈수 라인

2~3m

4~4.5m

3~3.5m

4~4.5m

1 상류 버드나무숲 포인트.
2 금동지에서 낚인 굵은 붕어들.

• 터가 센 곳으로 월척 이하 붕어는 좀처럼
보기 힘들고 주로 4짜 이상급이 낚인다.
• 산란이 늦어 4월 중순에 산란 피크를 맞
는다.
• 여름 장마철 오름수위 때 지렁이를 미끼
로 쓰면 활발한 입질을 받을 수 있다.

※저수지 내에 특별난
수초가 자라지 않아 상류
버드나무 일대가 주요
포인트가 된다.

협소한 농로

새물 유입구

2~2.5m

2~2.5m

P

P

• 낚시터 프로필

1980년대 초반 순천에서 가장 먼저 블루길이 유입
된 저수지다. 하류 수심이 깊어 한때는 향어 가두리
양식장을 운영하기도 했다. 순천시 낚시터 중 가장
터가 센 곳으로 붕어 얼굴 보기가 힘든 곳이다. 하지
만 낚였다 하면 4짜 후반급 붕어를 만날 수 있는 곳
이라 개인 기록 경신을 노리는 낚시인들이 자주 찾
는다. 만수위를 유지할 때는 앉을 자리가 상류일부
로 국한된다. 봄에는 늘어진 버드나무 가지가 산란
장이 되기도 한다. 수위가 70%선만 유지하면 연안
에 포인트가 많이 생겨난다. 배수량이 많아지는 농
번기 때 포인트가 많아지므로 이때를 노려보는 것
도 좋은 방법이다. 여름 오름수위 때는 상류가 흙탕
물로 바뀔 때 낮에도 대물 입질 확률이 높아진다.

• 기본 정보

위치: 전남 순천시 별량면 금치리
만수면적&축조연도: 2만4천평/1977년
주요 시즌: 봄철 산란을 앞두고 붕어들이 상류 수몰
된 버드나무 지대로 대거 몰린다. 다른 저수지보다
산란이 늦어 4월 중순에 피크를 맞는다. 여름 장마
철 오름수위 때도 대물 찬스다.
평균 씨알: 월척 이하의 붕어는 좀처럼 보기 힘들
다. 낚였다 하면 4짜 중반부터 4짜 중후반급이 올라
온다.
외래어종&잡어: 배스와 블루길이 서식하고 있다.

• 추천 미끼

블루길 성화가 심한 편이라 동물성 미끼는 쓰기 어
렵다. 그래서 글루텐과 옥수수를 주 미끼로 사용한
다. 지렁이는 장마철 흙탕물이 질 때 강력한 효과를
발휘한다.

• 참고할 점

상류 바닥은 모래가 많이 섞인 사토질이며 배수기
때 자란 육초지대가 훌륭한 붕어 포인트가 된다. 상
류 농로길 진입로가 비좁아 주차와 통행에 주의해
야 한다.

내비 입력: 순천시 별량면 금치리 688-1

순천 대동지

만수위 때 갓낚시
잘 되는 포인트

1.2~1.8m

0.6~1m

갈수기 포인트

1.8~2m

초봄 산란기
포인트

1~1.5m

떗장수초, 말즘 자생

1~1.5m

새물유입구로 주변에
모래톱 형성

왕조가든

대동마을

1 저수위 때 제방권이 드러난 대동지.
2 대동지에서 허리급 붕어를 올린 천류 필드스탭 팀장 김중
　석 씨.
3 대동지에서 낚인 4짜 붕어.

• 낚시터 프로필

순천 도심에 위치한 저수지로 붕어 낚시인보다 배스 낚시인들이 즐겨 찾는 곳이다. 순천시 왕지지구 신도시가 생기면서 더 이상 농업용수로 쓰지 않아 오랫동안 바닥을 드러내지 않았다. 배스가 서식하여 허리급 이상의 월척이 자주 낚일 정도로 씨알이 굵은 게 특징이다. 제방을 중심으로 우측 하류 연안과 상류에 포인트가 형성된다. 제방에서 낚시할 때는 좌대가 필수다. 석축 끝자락에 말즘이 띠를 이뤄 자생하는데 수면에 보이는 말즘을 넘겨 찌를 세우면 수월하게 입질 받을 수 있다. 도로변과 맞은편 산은 급심이라 배수기 때 낚시할 자리가 많이 나온다. 주로 봄 산란기와 여름 배수기 때 낚시가 잘 되는 곳이다.

• 기본 정보

위치: 전남 순천시 왕지동
만수면적&축조년도: 1만8천2백평/1957년
주요 시즌: 연중 물색이 좋아 아주 추운 겨울만 빼곤 조황이 좋은 곳이다. 저수지 아래에 농지가 많지 않아 배수 영향이 없다. 봄 시즌과 가을 시즌 모두 호조황을 보인다.
평균 씨알: 낱마리이지만 씨알이 35cm 전후가 주로 낚이며 종종 4짜 붕어도 출현한다.
외래어종&잡어: 배스가 서식하고 있다.

• 추천 미끼

글루텐과 옥수수가 가장 잘 먹힌다. 블루길이 서식하지 않아 지렁이도 사용해 볼 필요가 있다.

• 참고할 점

제방을 기준으로 좌측 연안은 접근이 어렵다. 우측 하류 후미진 포인트에서는 갓낚시가 잘된다. 좌안 상류에는 '왕조가든'식당이 운영되고 있어 낚시인의 주차는 불허한다.

내비 입력: 순천시 왕지동 127

순천 용곡지

1~1.5m

1.8~2m

1.8~2m

1.5~1.8m

1.5~1.8m

모래톱 구간으로
수심이 얕다.

1 말즘 등 다양한 수초가 밀생한 용림지.
2 좌안 중류에 있는 모래톱 구간.

- 저수지 전역에 말즘 포함한 수초가 밀생해 빈 구멍 찾는 것이 관건.
- 배스가 서식하지만 지렁이에 굵은 씨알 잘 낚인다.
- 말즘 밀생한 곳에서는 띄울낚시를 시도하는 것도 좋은 방법이다.

• 낚시터 프로필

순천시 도심 인근에 위치하며 용림지로도 불린다. 반면 비교적 알려지지 않은 저수지로 만수면적이 3천여 평에 불과하지만 씨알 좋은 붕어를 많이 품고 있다. 배스가 유입된 지 오래 돼 마릿수는 적지만 허리급 이상의 붕어가 많다. 저수지 전역 수중에 말즘이 빼곡하게 밀생해 채비 안착이 어렵기 때문에 빈 구멍을 찾아 찌를 세우는 게 관건. 특히 저수지 전역에 말풀이 융단처럼 깔려있다. 밀생한 수초 때문인지 낮과 밤 관계없이 입질이 오는 게 장점이다. 농업용수 공급을 위해 1967년에 축조되었지만 시간이 갈수록 사용되는 물이 적어서 가뭄에도 50% 이하로 배수하지 않고 언제나 풍부한 수량을 유지한다.

• 기본 정보

위치: 전남 순천시 서면 압곡리
만수면적&축조연도: 약 3천평/1961년 축조
주요 시즌: 사철 시즌이라고 볼 수 있지만 6월에 물 위로 말즘 줄기가 보이기 시작할 때 가장 조황이 좋다.
평균 씨알: 8치부터 4짜까지 다양한 씨알이 낚이며 32~35cm 붕어가 많이 낚인다.
외래어종&잡어: 배스와 살치가 서식하고 있다.

• 추천 미끼

배스가 서식하지만 지렁이에 입질이 빠르다. 수온이 완전히 오르는 5월 이후에는 글루텐과 옥수수가 잘 먹힌다.

• 참고할 점

연중 물색이 탁해 짧은 낚싯대에도 입질을 받을 수 있다. 수중에 말즘이 융단처럼 깔린 포인트라면 바닥을 찾는 것 보다는 차라리 깔린 수초 위에 채비가 살짝 안착이 되도록 띄울낚시를 구사해도 좋다.

내비 입력: 순천시 서면 압곡리 61

광양 수어천 진상수로

모래톱

0.8~1.2m

부들수초

0.8~1.2m 0.8~1.2m 0.8~1.2m

수어천댐 물 유입구

진상교

광양 방면

용계리마을

1 수어천 1번보
2 수어천 전경
3 수어천에서 올린 월척 붕어를 보여주는 낚시인.

낚시터 프로필

진상수로에는 총 4개의 보(洑)가 있다. 4개의 보에서 모두 낚시가 가능하지만, 그중에 제일 상류에 있는 1번보는 수어천댐과 가까워 어자원도 많고 수초도 잘 발달하여 있다.(수어천댐은 낚시금지구역이라 어자원이 풍부하다) 주차여건과 포인트 진입이 수월한 장점도 있다. 양 연안 곳곳에 포인트가 있으며 보위에서도 낚시가 가능하다. 수초와 가까운 포인트는 2칸 대로도 공략할 수 있다. 물색이 맑다면 긴 대가 유리하고 밤낚시에 잦은 입질을 기대할 수 있다. 수로 전역에 마름이 자생하며 하류로 갈수록 분포도가 낮아진다. 전반적 수심은 0.8~1m로 얕아 가급적 긴 대를 펼치면 다양한 포인트를 공략할 수 있다. 물이 맑아 붕어의 힘도 장사로 소문나 있다.

기본 정보

위치: 전남 광양시 진상면 섬거리
주요 시즌: 봄철 모내기 배수와 상관없이 낚시가 가능한 곳이다. 마름 수초가 수면에 보이기 시작할 무렵인 5월에 가장 호조황을 보인다. 가을에는 마름이 삭아 드는 10월 중순에 폭발적인 입질을 보인다.
평균 씨알: 배스터의 특징대로 붕어 씨알이 굵게 낚인다. 턱걸이 월척부터 35cm 전후의 붕어가 주종이다.
외래어종&잡어: 배스와 블루길이 서식하고 있다.

추천 미끼

옥수수가 가장 무난하게 먹히지만 집어 효과를 노린다면 점성이 약한 글루텐을 부지런히 투척하는 것이 좋다.

참고할 점

낚시인들 사이에서는 진상수로라 불리지만 엄밀하게 보면 강에 해당한다. 상류에 있는 수어천댐에서 흘러든 붕어가 광양만 바다로 내려가지 못하고 갇혀 있어 붕어 자원이 풍부하다.

내비 입력: 광양시 진상면 섬거리 146-1

광양 신금지

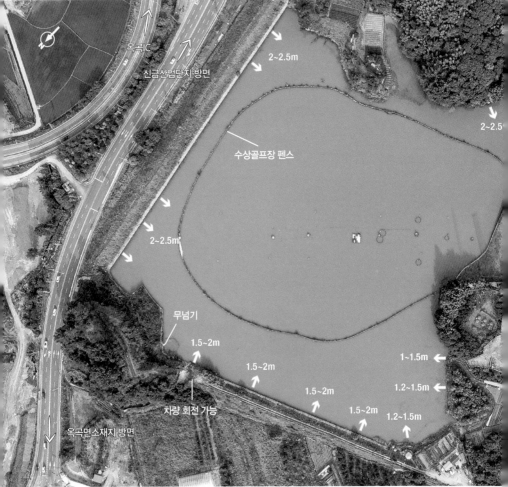

옥곡IC

신금산업단지 방면

2~2.5m

2~2.5

수상골프장 펜스

2~2.5m

무넘기

1.5~2m

1.5~2m

1.5~2m

1~1.5m

1.2~1.5m

차량 회전 가능

1.5~2m

1.2~1.5m

옥곡면소재지 방면

1 신금지에서 붕어를 노리는 낚시인. 전방에 수상골프장에서 설치한 수상 펜스가 보인다.
2 굵은 붕어를 끌어내는 장면.

- 저수지 내에 옥포수상골프랜드가 운영하는 수상골프 연습장이 있다. 밤 8시경 골프장 영업이 종료되면 골프장 불빛도 꺼진다.
- 신금지 아래에 신금공단이 조성되어 농업용수로 사용하지 않기 때문에 배수의 영향은 없다.

― 수상골프장

• 낚시터 프로필

2면이 제방으로 이루어져 있다. 최고의 포인트는 좌측 상류 골자리이다. 수심이 80cm부터 시작해 하류로 갈수록 깊어진다. 초봄에는 수중에 말즘이 자라고 여름에는 마름이 뒤덮는다. 북서쪽 제방은 진입이 수월한 장점이 있으나 경사가 심하기 때문에 좌대가 필수적이다. 제방 끝자락 포인트는 낮 낚시에 4짜 붕어가 자주 출몰하는 지역이다. 마릿수가 없는 대신 4짜 붕어를 낱마리로 낚아낼 수 있다.

• 기본 정보

위치: 전남 광양시 옥곡면 신금리
만수면적&축조연도: 2만4천4백평/1967년
주요 시즌: 6월 이후 바닥에 붙어 있던 청태가 떠오르게 되면서 깔끔한 입질을 볼 수 있다. 10월 이후 마름이 삭아 내릴 때 가을 호황 시작. 이때부터 서리가 내리기 전까지 꾸준한 조황이 이어진다.
평균 씨알: 큰 놈은 턱걸이급 월척이 주로 낚이지만 허리급부터 4짜까지 고루 낚인다. 2024년도에는 5짜 초반의 붕어가 낚인 바 있다.
외래어종&잡어: 배스와 블루길이 서식한다.

• 추천 미끼

글루텐과 옥수수가 가장 잘 먹히는 미끼이다. 하지만 지나치게 밑밥이 투여되면 70~80cm급 잉어가 잘 꼬이니 주의해야 한다.

• 참고할 점

저수지 중앙부에 골프장 펜스가 둘러쳐 있지만 낚시에는 지장이 없다. 7칸 이상의 긴 낚싯대를 사용해도 닿지 않기 때문에 문제가 없다.

내비 입력: 광양시 옥곡면 신금리 831

광양 차사지

N

차동마을

새물 유입구

P 정자

1.5~2.5m

1.5~2.5m

2~3m

바위섬

만수위 밤낚시 때
2칸 정도 짧은 대에
입질 활발

P

점선 안에
마름수초 자생

1.5~2.5m

1.5~2.5m

배수장

P

1.5~2.5m

제방 차량 진입금지

진원면소재지 방면

1 물 맑은 차사지에서 붕어를 노리는 낚시인들.
2 차사지 도로변 바위섬 앞 포인트.
3 차사지에서 낚인 허리급 월척들.

2~2.5m

2~2.5m

갓낚시에 48cm
낚인 곳

1.5~2.5m

낚시터 프로필

광양권 최고의 대물터다. 특이한 점은 마릿수 재미
도 좋은 곳이라는 점이다. 많이 낚일 때는 하룻밤에
30마리 가까운 월척이 낚인 적도 있다. 2025년 현
재 4짜는 드물지만 주로 월척에서 허리급이 낚인다.
가장 많이 낚이는 씨알은 35~38cm급이다. 조만간
4짜터로 변신할 것이다. 배스는 서식하지만 블루길
은 없는 상황. 덕분에 낚시는 덜 피곤하나 가끔 살치
가 달려들 때가 있다. 상류 차동마을 앞 일대가 주
요 포인트이며 허리급 월척이 가장 많이 낚인다. 새
물유입구 옆 하류 쪽으로 약간 후미진 뗏장 수초가
분포된 곳이 수심도 얇으면서 밤낚시가 잘된다. 2칸
전후의 낚싯대에 밤낚시 조황이 좋다. 다소 예민한
채비에 입질이 집중된다. 상류 논두렁 포인트는 좌
대가 필수적이다.

기본 정보

위치: 전남 광양시 진월면 차사리
만수면적&축조연도: 2만4천평/1978년
주요 시즌: 초봄부터 모내기 철 배수가 이루어지기
전에 가장 절정을 이루는 곳으로 낚이면 허리급부
터 4짜 초반의 붕어가 주로 낚인다. 이후 장마가 시
작될 무렵에 상류 국사봉과 정박산에서 새물이 유
입될 때 또 한 번의 대박 기회를 맞이할 수 있다.
평균 씨알: 월척 이하의 붕어는 개체 수가 많지 않
은 대신 낚이는 씨알이 보통 35cm 전후가 낚이며
종종 4짜 붕어도 출현한다.
외래어종&잡어: 배스가 유입되어 있고 살치의 성화
가 있다.

추천 미끼

글루텐이 가장 잘 먹히는 미끼이며 옥수수도 먹힌
다. 블루길이 서식하지 않아 지렁이도 사용해 볼 필
요가 있다.

참고할 점

상류 차동마을이 인접해 있어 무질서 시 주민들과
불화음이 생길 소지가 있다. 될 수 있으면 주민에게
피해가 가지 않도록 주의가 요구된다.

내비 입력: 전남 광양시 진월면 차사리 84-3

여수 덕곡지

복산지 방면

P

1.5~2m

마름 분포
밀생 구간

1.5~2m

2~2.5m

2~2.5m

P

※과거 농지에 공장들이
들어서면서 농업용수 사
용이 크게 줄었다. 그 덕분
에 여름에도 수위가 50%
이하로 내려가지 않는다.

2.5~3m

2.5~3m

2.5~3m

P

1 덕곡지 제방에 좌대를 설치하고 낚시 중인 장면.
2 수위가 내려가 바닥이 드러난 상류.
3 덕곡지에서 낚인 황금빛 월척 붕어.

우안은 연안에 나무가
밀집해 있어 낚시가
어렵다.

P

2~2.5m

2.5~3m

소라면소재지 방면

낚시터 프로필

여수 지역에서 터가 세기로 유명한 저수지이다. 시내에서 가까워 접근성이 뛰어난 곳이다. 그러나 주로 외지에서 소문을 듣고 온 대물 낚시인들이 자주 찾고. 현지 낚시인들은 짬낚시를 많이 즐긴다. 낚였다하면 4짜 중반 이상의 붕어라고 할 정도로 큰 붕어가 낚인다. 여수에서는 가장 많은 5짜 붕어를 배출한 곳으로 유명하다. 떡붕어 또한 4짜 이상으로 굵은 씨알이 낚인다. 제방 좌안 연안이 주요 포인트이며 수중에는 말즘과 물수세미가 자생하고 있다. 상류에는 마름이 주로 밀생해 여름에는 마름 작업이 필수이다. 상류에서 중류까지 부분적으로 마름이 자생하고 있다. 입질 시간대는 초저녁과 아침에 낮캐미로 바꾸는 시간대에 입질이 집중된다.

기본 정보

위치: 전남 여수시 소라면 덕양리
만수면적&축조년도: 6천평/1970년
주요 시즌: 3월에서 5월까지 입질받기 수월하고 추석 이후 가을철에 씨알이 굵게 낚이는 특징을 보인다.
평균 씨알: 월척 이하의 붕어는 좀처럼 낚아내기 힘들다. 입질 시 대부분 허리급 이상에서 4짜 중반까지가 낚인다. 떡붕어의 경우 5짜 크기가 빈번하게 낚인다.
외래어종&잡어: 블루길과 배스가 유입되어 있다.

추천 미끼

글루텐과 옥수수가 가장 잘 먹히는 미끼이다. 바닥 상태에 따라 미끼를 달리 사용하는데 채비 안착이 어려울 때는 옥수수를, 비교적 바닥이 깨끗하다 판단되면 글루텐을 사용해야 한다.

참고할 점

수중에 말즘이 빼곡하게 자생하고 있어 채비 안착이 어렵다. 수달이 많이 서식하고 있어 낚시 도중 살림망을 잘 관리해야 한다.

내비 입력: 여수시 소라면 덕양리 449-2

여수 복산지

2~2.5m

3~3.5m

2~2.5m

2~2.5m

2~2.5m

2~2.5m

1.5~1.8m

뗏장수초 지대

2~2.5m

죽림지 방면

1 복산지에서 붕어를 끌어내는 낚시인.
2 복산지에서 낚인 4짜 붕어.

- 4월부터 5월 배수 이전이 최고의 피크.
- 대물 확률은 적지만 중치급 붕어 마릿수는 아주 좋은 편.
- 저수지 주변에 논, 밭이 많아 주차가 어렵고 주민과의 민원이 많이 발생.

조산마을회관
-2.5m
1.5~2m
2~2.5m
덕곡지 방면

• 낚시터 프로필

여수권 4짜 대란을 몰고 왔던 대물낚시터다. 그러나 시간이 흐를수록 중치급이 마릿수로낚이는 곳으로 변모했다. 2025년 현재는 21~28cm가 주류를 이룬다. 이런 씨알들을 잘 하면 하룻밤에 100마리도 가능한 곳이다. 저수지가 길쭉한 형태로 곳곳에 포인트가 많아 선택의 폭이 넓다. 연안에 자라는 뗏장 수초 언저리가 핵심 포인트. 수초 종류 관계없이 언저리를 노리는 것이 관건이다. 수온이 떨어지는 11월 말부터 2월까지는 4칸 이상 긴 대에서 밤, 낮 구분 없이 입질을 받을 수 있다. 만수위 때는 상류 조산마을회관 앞쪽 새물 유입구가 주요 포인트가 된다. 상류에 마을이 있고 저수지 좌우에서 밭농사를 짓기 때문에 저수지 가까이 차량 진입이 힘들다는 게 단점이다.

• 기본 정보

위치: 전남 여수시 소라면 복산리
만수면적&축조년도: 3만6천평/1945년
주요 시즌: 연중 낚시가 가능하지만 씨알과 마릿수를 노린다면 4월부터 5월 배수 이전이 최고의 피크이다.
외래어종&잡어: 블루길과 배스가 유입되어 있다.

• 추천 미끼

최고의 미끼는 글루텐이며 옥수수도 잘 먹힌다. 배스와 더불어 블루길도 있지만 블루길은 개체수가 많지 않아 지렁이도 써볼만하다.

• 참고할 점

복산지는 주차여건이 좋지 않은 게 단점이다. 특히 저수지 주변 밭을 통해 포인트 진입 시 주민들과의 잦은 마찰이 발생하고 있어 주의해야한다.

내비 입력: 여수시 소라면 복산리 376

여수 풍류지

차량 통행량 많아
주의 요망

1~1.2m

1~1.2m

1~1.2m

1~1.2m

1~1.2m

1~1.2m

1~1.2m

1~1.2m

사곡리 방면

갈대 밀생 지역

정자, 주차 및 낚시행사
장소로 최적

제방 주차금지

1 풍류지 상류에서 붕어를 노리는 낚시인.
2 풍류지에서 올라온 굵은 붕어들.
3 새물이 유입되는 상류 갈대밭. 산란기 명포인트다.

죽림지 방면

산란기 명당

새물 유입구

~1m

1~1.2m

점선 안쪽은
준설로 수심
깊어진 곳

1.5~2m

2~2.5m

.5m

P

소형차 주차 가능

낚시터 프로필

여수권의 여러 저수지 중 마릿수 재미와 씨알을 모두 갖춘 곳이 풍류지이다. 한때는 5짜 붕어도 여러 마리 낚여 대물터로 명성이 있었으나 2025년 현재는 중치급부터 월척급이 주로 낚이는 곳으로 변모했다. 여름에는 저수지 전역이 마름으로 뒤덮여 낚시 자리가 거의 나오지 않는다. 이때는 자연적으로 형성된 마름구멍을 노려야 한다. 제방을 기준으로 우측 물골 지대는 2.5m로 깊지만 그 외 지역은 수심이 1~1.2m로 균등한 평지형에 가깝다. 낚시인들이 많지 않을 때는 2칸 정도의 짧은 낚싯대에도 입질이 잦다. 대체로 물색이 맑아 낮보다는 밤에 입질이 활발하며 짧은 대보다는 4칸 이상의 긴 대에 입질이 잦다.

기본 정보

위치: 전남 여수시 소라면 복산리
만수면적&축조년도: 6천평/1945년
주요 시즌: 마름이 가득한 저수지로 11월 마름이 삭을 때부터 이듬해 4월까지가 절정기다.
평균 씨알: 26~28cm의 붕어가 주류를 이루며 월척 이상 붕어는 턱걸이부터 38cm까지 주로 낚인다. 4짜 중반급은 가끔 낚인다.
외래어종&잡어: 배스가 유입되어 있다.

추천 미끼

최고의 미끼는 지렁이이며 옥수수와 지렁이(옥지)를 병행해 사용하는 경우 입질이 빨랐다.

참고할 점

늦여름에 마름 수초 작업을 통해 포인트를 훼손하는 것보다는 낚싯대를 덜 펴더라도 자연적으로 뚫린 구멍을 노리면 입질 확률이 높다. 상류 863번 지방도로는 차량통행이 잦으므로 주의가 요구된다. 제방에 주차 역시 삼가야 한다.

내비 입력: 여수시 소라면 복산리 1934

영광군

장성군

담양군

곡성군

구

함평군

광주광역시

나주시

화순군

순천시

무안군

영암군

장흥군

보성군

목포시

강진군

고흥군

해남군

완도군

Part 5
해남 완도 강진 고흥

- 해남 고천암호 가지수로
- 해남 금호호 예정리수로
- 해남 호동지

- 완도 약산호
- 완도 완도호

- 강진 사초호 쪽수로

- 고흥 거군지
- 고흥 성리지
- 고흥 세동지
- 고흥 여호지

해남 고천암호 가지수로

차가운 겨울 북서풍에 의지되는 포인트다. 늘 물색이 탁해 짧은 대로도 잦은 입질을 받을 수 있다. 배스와 블루길이 많지만 개의치 말고 꾸준하게 낚시하면 대물을 만날 확률이 높다.

짜장수로

고천암호 본류

1~1.5m

1~1.5m

1~1.5m

● 길호리수로

해남군 해남읍 복평리. 사철 물색이 좋아서 낚시인들이 가장 선호하는 포인트이다. 추워질수록 붕어 씨알이 굵게 낚이는 특징을 보인다. 겨울 북서풍을 탄금봉 산자락이 막아줘 바람 영향을 받지 않은 곳이지만 그만큼 쉽게 결빙되는 단점도 있다.

내비 입력: 해남군 해남읍 복평리 1226-10

1 폭이 30m에 달하는 송호리수로에서 붕어를 노리는 낚시
  인들.
2 장마 후 삼산천에서 굵은 붕어를 올린 낚시인들.
3 삼산천의 어리연 포인트.

해남천
→

0.7~1.2m

낚시터 프로필

겨울철 철새 도래지로 유명한 고천암호는 붕어곡창
지대라 일컬을 정도로 붕어가 많고 씨알 굵은 붕어
가 많아 전국 낚시인들이 찾는 곳이다. 대개의 간척
호가 겨울낚시가 잘 되지만 고천암호는 아주 추운
한겨울보다는 늦가을과 봄 산란기 이후 조황이 뛰
어난 곳이다. 겨울에 조황이 부진한 이유 중 하나는
바람을 너무 타기 때문이기도 한데 바닷가와 접해
있다 보니 말 그대로 바람 잘 날이 많지 않은 게 이
유이기도 하다. 고천암호의 수면적은 약 250만평에
달하며 낚시 구간은 크게 5개 권역으로 나눌 수 있
다. 해남읍 복평리의 길호리수로와 해남천, 해남읍
내사리의 삼산천, 황산면 원호리의 송호리수로와 황
산리수로(용골수로)가 대표적이다.

기본 정보

위치: 전남 해남군 황산면
만수면적&준공연도 : 250만평/1988년
주요 시즌: 봄 산란기 붕어 회복기에 접어드는 4~5
월, 가을에 마름이 삭기 시작하는 10~11월 두 기간
이 씨알과 마릿수 모두 최고의 피크 시즌이다. 이른
봄 산란 직전에는 이상하게 낚시가 잘 안 된다.
평균 씨알: 피크 기간에는 8치급 이상이 주로 낚이
며 월척은 허리급까지는 잘 낚인다.
외래어종&잡어: 배스와 블루길이 서식하고 있다.

추천 미끼

봄 산란기 이후 회복기에는 지렁이가 단연 압도적
으로 잘 듣는다. 이때는 수온이 낮아 블루길 성화도
덜하다. 가을에는 어분글루텐 계열 떡밥에 입질이
활발하다.

참고할 점

봄 산란기 이후 회복기에는 밤낚시가 제법 되지만
춥고 바람이 강해 낚시가 어렵다. 오히려 바람이 강
하게 부는 날은 낮낚시가 잘된다. 동절기에는 바람
방향을 잘 파악해 앉는 것이 관건이다. 특히 겨울에
는 물색이 조황을 결정짓기 때문에 찌몸통이 보이
지 않을 정도의 탁도를 가진 포인트를 찾아야 한다.

봄과 가을에 특히 조황이 좋은 곳이다. 봄에 산란을 앞둔 굵은 붕어가 본류에서 올라붙어 호황을 보인다. 여름 장마 때 연안에 빼곡했던 마름이 휩쓸려 나갈 정도로 물 흐름이 세지만 물 흐름 없는 곳은 여전히 마름, 어리연, 갈대가 밀생하고 있어 좋은 포인트가 된다. 가을 추수 이후 찬 바람이 불 때도 대물 찾스다.

고천암호 본류 방면

남산농교

1~1.2m

0.8~1.2m

P

0.8~1.2m

P

0.8~1m

P

P

0.8~1m

P

도로가 주차가 가능하지만 통행량이 많기 때문에 주의야해 한다.

0.8~1m

P

해남읍 방면

• 해남천

해남군 해남읍 복평리. 해남에서 고천암호 본류와 연결되는 수로다. 봄 산란기 때는 본류에 머물던 붕어가 일제히 상류로 거슬러 올라오기 때문에 붕어자원이 많다. 여름부터 가을까지는 수심이 얕아도 물 흐름이 없고 마름이 자생하는 곳이 포인트가 된다.

내비 입력: 해남군 해남읍 복평리 1192-10

상수원 보호구역 낚시금지

0.5~0.8m

P

P

P

해창교

해창마을

초봄에는 최상류, 수온이 올라가는 여름에는 금풍교 하류에서 입질이 잦다. 수초제거기를 이용해 부들수초를 베어낸 후 찌를 세우면 붕어 씨알도 굵게 낚인다.

P

0.7~1m

0.7~1.2m

P

0.7~1.2m

• 삼산천

해남군 해남읍 내사리. 제방에서 봤을 때 고천암호 우안의 첫 번째 수로다. 하류에서부터 연곡교, 신풍교, 금풍교, 해창교, 삼산교 순으로 포인트가 형성된다. 봄에는 비교적 상류에 해당되는 해창교와 삼산교 구간에서 붕어의 씨알이 굵게 낚인다. 무더운 여름에는 깊은 수심대를 보이는 하류 연곡교 주변이 포인트다.

내비 입력: 해남군 해남읍 내사리 1854

모든 농로가 아스팔트 포장이라 편하고 길이 넓어 길가 주차도 용이 하다.

금풍교

본류·신풍교 방면

• 송호리수로

해남군 황산면 원호리. 여름 장마 때 물이 뒤집힌 이후 월척에 육박하는 붕어가 곧잘 낚이는 구간이다. 3칸 전후의 낚싯대에서 입질이 빠르며, 듬성듬성 자란 연안의 어리연 군락을 노리면 입질이 잦다.

내비 입력: 해남군 황산면 원호리 1056-10

고천암호 본류

부들수초 군락지로 수초제거기 지참 필수

0.6~1m

포인트 진입 시 울퉁불퉁한 바위 유의할 것

0.8~1.2m

농로가 넓어 길가에 주차공간이 많다.

0.8~1.2m

0.8~1.2m

송호수로는 고천암호 본류와 가까운 곳에 포인트가 있어 본류에서 올라붙는 붕어가 빨리 붙는다. 하절기에는 마름과 어리연이 자생하지만 큰 비가 내린 직후에는 물색이 좋고 짧은 대로도 쉽게 입질을 받을 수 있다.

황산면소재지 방면

고천암호 본류

고천암자연생태 공원 방면

수문

해남읍 방면 방면

1.5~1.8m

• 황산리수로(용골수로)

해남군 황산면 송호리. 굵은 붕어를 노린다면 벼가 익어갈 무렵인 초가을에 찾는 게 유리하다. 수로 폭이 넓은 곳은 100m가 넘고 낚시가 가능한 구간은 길이가 1.5km에 달한다.

내비 입력: 해남군 황산면 송호리 1374-10

부들수초가 발달한 수로다. 수초낚시를 즐기는 낚시인이라면 꼭 한 번은 찾아볼 만하다. 상류로 올라갈수록 수심이 얕아지고 수초도 밀생해 있다. 부들수초에서 허리급 월척이 잘 낚여올라온다.

1.5~1.8m

1.2~1.5m

1~1.2m

0.5~0.8m

해남 금호호 예정리수로

금호호

금자천 방면

갈대, 부들, 뗏장수초

부들, 뗏장수초지대

※북서풍을 등지고 낚시할 수 있다.

1급 포인트

0.8~1m

0.8~1m

0.8~1m

0.8~1m

0.8~1m

거의 낮낚시만 되는 구간

겨울에 가장 늦게 어는 구간

포장도로 끝나는 지점

※전 포인트 길옆 주차 후 둑 넘어 포인트 진입

1 예정리수로에서 긴 대로 붕어를 끌어내는 필자.
2 예정리수로 예동교 일대. 이곳도 좋은 포인트이다.

• 예정리수로는 연안 수심이 얕아 가급적 긴 대를 쓰는 게 유리하다. 다만 어떤 경우에는 발밑 수초에서도 붕어가 입질하므로 긴 대와 짧은 대를 고루 갖출 필요가 있다.

진산수로 방면

0.8~1m

작은 다리

예동교 700m

• 낚시터 프로필

해남의 많은 수로 중에 금호호의 지류인 예정리수로는 겨울에도 물이 얼지 않으면 실패 없는 꾸준한 월척 조과가 가능하다. 특히 예정리수로에서도 예동교 주변은 떼월척이 빈번하다. 간혹 조황 기복이 있고 살치 떼의 습격도 있으나 평균 조과가 좋은 곳으로 유명하다. 예동교 주변은 찾기 쉬워 인기가 높지만 실제 조황은 하류쪽이 앞선다. 예동교에서 700m 내려가면 작은 다리가 나오며 다리를 건너 좌회전해 나오는 연안이 메인 포인트이다. 단골 낚시인들은 6칸 대도 많이 쓴다. 새벽과 아침낚시가 잘 되며 겨울에는 낮에도 드문드문 입질이 들어온다.

• 기본 정보

위치: 전남 해남군 산이면 예정리와 초송리의 경계
주요 시즌: 늦가을~겨울~초봄에 낚시가 이루어진다.
평균 씨알: 25~36cm
외래어종&잡어: 배스와 블루길, 살치 등이 서식한다.

• 추천 미끼

겨울에도 글루텐에 입질이 활발하다. 그러나 현지인들은 지렁이도 많이 사용한다.

• 참고할 점

예정리수로는 수위 변화가 큰 곳이다. 따라서 금호호 지류로 '영산강 안심알림e'라는 어플을 이용하면 배수하는 날짜를 파악할 수 있다. 배수 중 또는 배수후 며칠간은 낚시가 잘되지 않으니 주의하자. 아울러 겨울에는 대를 못 들 정도의 바람이 자주 불기 때문에 출조 전 풍향도 살펴볼 필요가 있다. 비포장도로와 웅덩이가 곳곳에 있어 비온 후 승용차는 조심해야한다.

내비 입력: 예동교 또는 전남 해남군 산이면 예정리 746

해남 호동지

관두산(해발 53m)

0.7~1m

1~1.2m

1.5~1.8m

1.5~2m

2023년 초겨울에
4짜 대란 났던
포인트 구간

1.5~2m

황산면소재지 방면

2.5~3m

2.5~3m

2.5~3m

제방에는 가급적 주차금지

2.5~3m

암반지대.
좌대 필수

2.5~3m

1 호동지 좌안 최상류 논둑에서 대물을 끌어내는 낚시인.
2 무너미 부근에서 붕어를 노리는 낚시인.
3 호동지에서 올린 4짜 붕어를 보여주고 있다.

호동마을

1~1.2m

0.7~1m

0.5~0.8m 산란철 수초직공
낚시 유리한 곳

연밭

• 낚시터 프로필

해남군 황산면 호동리에 있는 4만8천평짜리 준계곡
지다. 일제 강점기 때 축조된 고령의 저수지이며 인
근 관두산과 민산에서 흘러든 물을 담수한다. 수량
이 풍부해 가뭄에도 강한 면을 보인다. 2023년 봄
에 허리급 월척이 마릿수로 낚이면서 낚시인들에게
알려지기 시작했다. 그해 초겨울에는 4짜 붕어가 무
더기로 낚이는 등 대물 자원을 많이 품고 있는 저수
지다. 봄에는 상류 지역이 포인트가 된다. 특히 우측
상류 골자리에 있는 연밭이 최고의 포인트가 된다.
마름이 삭기 시작하는 늦가을부터는 저수지 전역이
포인트로 변한다.

• 기본 정보

위치: 전남 해남군 황산면 호동리
만수면적&준공연도: 4만8천평/1945년
주요 시즌: 봄철 마름이 수면에 보일 때와 늦가을에
마름이 삭아들 때가 피크.
평균 씨알: 24~28cm급이 주로 낚이다가 '사각붕
어'라 일컫는 체고 좋은 월척과 4짜 붕어가 종종 섞
여 낚인다.
외래어종&잡어: 2025년 현재 배스와 블루길이 서
식하지만 배스 개체 수는 많지 않다.

• 추천 미끼

어분이 첨가된 글루텐이 잘 먹힌다. 미끼용 글루텐
은 될 수 있으면 무르게 개어 바늘에 다는 게 좋다.
평소에는 잡어 성화가 있지만 수온이 내려가는 12
월부터는 덜하다. 특히 동절기 밤낚시에 지렁이를
사용하면 외래어종이나 잡어 영향을 받지 않고 쉽
게 붕어의 입질을 받아낼 수 있다.

• 참고할 점

호동지에서는 상황에 따라 대편성을 다르게 한다.
낚시인들이 많았을 때는 4칸 이상 7칸까지의 긴 대
를 펼치는 게 유리하다. 반대로 한적하다면 짧은 대
로도 수월하게 입질을 받을 수 있다. 우측 하류는 제
방이 길이 아니므로 주차하면 안 되며, 제방 초입 공
터에 주차하고 진입해야 한다.

내비 입력: 해남군 황산면 호동리 304

완도 약산호

제방에서는 4칸 이상 긴 대 유리

길가에 바짝 붙어
주차 가능

평균 수심 1~1.3cm

주요 포인트 구간

약산호 주변에는 민가가 가까이 있어
밤에는 정숙해야 한다. 상류 작은 공원
안에서는 낚시할 수 없다.

공원. 절대 낚시금지

1 동쪽 도로변에서 상류까지가 갈대, 부들 수초가 많아 포인트로 인기가 많다. 평균 수심은 최대 1.3m 수준을 보인다.
2 약산호에서 봄에 올린 조과.

> • 약산호가 낚시인들에게 알려진 것은 고금대교가 개통된 2007년 무렵부터인데 폭발적인 조황에 전국에서 낚시인이 몰렸고 여러 문제가 발생함에 따라 한동안 마을에서 낚시를 금지시키기도 했었다.
> • 시기에 따라 조황에 기복이 있긴 하지만 한 번 때를 잘 맞추면 의외의 큰 손맛을 볼 수 있는 곳이다 보니 전국적으로 단골꾼들이 많은 편이다.

관산리 방면

• 낚시터 프로필

대형 간척호로서는 보기 드문 토종터로 여름에는 잔챙이 붕어와 징거미, 모기와 각종 날벌레 성화가 대단한 곳이다. 그러나 기온과 수온이 내려가면 굵은 월척부터 4짜까지 마릿수로 노려볼 수 있는 곳이다. 제방이 바다와 접해 있으며 낚시인들이 주로 찾는 곳은 우안 중상류 연안이다. 이 라인에 수초가 잘 발달해 있다. 늦가을에 마름이 삭아내려 자연스럽게 구멍이 생기면 그 구멍 사이에서 굵은 붕어를 마릿수로 만날 수 있다.

• 기본 정보

위치: 전남 완도군 약산면 관산리
만수면적&준공연도: 19만6천평/1997년
주요 시즌: 빠르면 2월 중순부터 봄 시즌이 열리며 이때 씨알과 마릿수 모두 최고이다. 부들이나 줄풀 등의 정수수초의 파란 새 줄기가 살짝 올라올 때 절정을 맞는다. 더워지면 서서히 씨알이 잘아지고 모기 등의 날벌레가 많아져 낚시 여건이 나빠진다. 마름이 삭는 가을부터 또 다시 가을 시즌이 찾아오지만 이때는 기복이 심하다.
평균 씨알: 8~9치급이 많고 허리급도 자주 낚인다. 봄에는 4짜급도 마릿수로 기대할 수 있다.
외래어종&잡어: 외래어종은 없으며 수온이 오르면 왕우렁이가 미끼를 따먹기도 한다.

• 추천 미끼

봄에는 옥수수와 참붕어 미끼가 잘 먹힌다. 가을에는 참붕어에 씨알이 굵게 낚이나 약산호에서는 참붕어가 채집되지 않는다. 그래서 10분 거리에 있는 세동지에서 참붕어를 채집해오기도 한다. 새우는 채집되지만 징거미 성화에 견뎌내질 못한다.

• 참고할 점

봄과 가을 시즌 모두 아침장은 재미가 없는 편이다. 오후에 입질이 활발하므로 오후낚시에 집중할 필요가 있다. 약산호 길가에는 보트, 트레일러 등 큰 차들 통행이 잦기 때문에 주차에 신경써야 한다.

내비 입력: 완도군 약산면 관산리 940-1

완도 완도호

정주산

화흥포항

완도 읍내 방면

1m 내외

1.5~1.8m

둑방 너머 연안은
모두 포인트이며
수심은 80cm 내외로
균일하다.

• 겨울 시즌이면 중부권 보트낚시인
들도 많이 원정을 온다.

1.2~1.5m

봄 산란철에는 도로 옆
수로에서도 대박 가능.

N

군외면 방면

대신리

1 도로변 차에서 포인트까지는 고작 10m. 석축이라 발판좌대는 필수이다.
2 여름에도 모기 같은 해충만 극복하면 월척을 올릴 수 있다.
3 필자가 여름 시즌에 올린 허리급 월척과 준척 마릿수 조과.

바다

1~1.2m

1.2~1.5m

• 낚시터 프로필

완도군 완도읍 대신리에 있는 완도호는 비수기가 없는 낚시터다. 봄부터 겨울까지 꾸준한 조과를 보여주는 곳인데 전남에서도 남쪽 바닷가에 있어 추운 겨울에도 얼지 않는 장점이 있다. 많은 장점에도 불구 낚시인들이 완도호를 잘 모르는 이유는 어디에서 가도 너무 멀기 때문이다. 그러나 그만큼 포인트가 손을 덜 탔고 어자원도 풍부해 언제 가도 쏠쏠한 손맛을 안겨준다. 연안 쪽 둑방 밑 도로변에 주차가 쉽고 야트막한 둑방을 넘으면 바로 포인트이기 때문에 접근성이 좋은 점도 장점이다. 가장 더운 여름에도 낚시해본 결과 모기, 깔따구 성화가 심해 힘들었을 뿐 마릿수 조과는 여전했다. 만약 하절기에 손맛이 너무 궁하다 싶으면 완도호를 찾아보는 것도 좋을 듯 싶다.

• 기본 정보

위치: 전남 완도군 완도읍 대신리
만수면적&준공연도: 47만4천평/1998년
주요 시즌: 사철 낚시가 잘 되지만 아무래도 모기와 깔따구 같은 해충을 피할 수 있는 이른 봄, 늦가을~겨울 시즌이 제격이다. 이때 씨알도 대체로 굵게 낚인다.
평균 씨알: 7~8치급이 많이 낚이며 월척도 턱걸이부터 허리급까지 다양하다.
외래어종&잡어: 배스가 서식하고 있다.

• 추천 미끼

글루텐과 옥수수가 기본적으로 잘 먹힌다. 한때 새우가 주요 미끼였으나 배스 유입 후에는 채집도 어렵고 효과도 떨어지는 느낌이다. 새우낚시를 해보고 싶다면 미리 준비해가는 게 좋다.

• 참고할 점

봄에는 아침 시간이 단연 유리하며 그 외의 계절에는 해질녘부터 밤 12시(자정)까지가 입질이 빈번하다. 새벽부터 오전까지의 일명 아침장도 좋은 편. 겨울에는 아침장 없이 밤에만 입질하는 경우도 있다.

내비 입력: 완도호 또는 완도읍 대신리 1257

강진 사초호 쪽수로

北

← 사초호 본류

수문 앞-수초는 멋지나 조과는 떨어짐

밭(낚시 자제)

둠벙

양 연안 낚시 가능(1.5~2칸 대 유리)

・평균 수심 70cm~1m
・붕어는 주로 수초대에서 입질
・수초 중에서 뗏장수초와 갈대 주변이 유리

1 사초호 쪽수로에서 붕어를 노리는 필자.
2 사초호 쪽수로에서 거둔 조과.

뻘흙이라 주차 시 차 빠짐 주의

P

부들밭

풀만 정리하면 낚시 가능
전체적으로 1m 수심

3

사초호 쪽수로 옆 둠벙

흥촌천
(겨울철 명 포인트)

밭(낚시 자제)

경사 심하고 수초 정리 안돼 낚시 힘든 구간

• 낚시터 프로필

해남, 강진권 새 포인트를 탐색하다 현지인들이 앉아있는 것을 보고 발견하게 된 수로다. 바로 옆에 아주 유명한 흥촌천(사초호 상류수로)이 있지만 무슨 이유에선지 2024년 겨울~2025년 사이 초봄 조황이 몰황을 겪었으나 바로 옆 이 쪽수로에서는 붕어가 잘 낚였다. 이후 지인들과 함께 몇 번 도전해본 결과 붕어자원이 엄청난 것을 알 수 있었다. 사초호 출조를 나섰다가 조황이 부진하다면 쪽수로로 발길을 옮겨볼 것을 추천한다. 유독 힘이 좋은 녀석들은 대부분 비늘에 점이 박힌 돌붕어였다. 중간에 다리가 있고 아래로는 갈대가 꽉 차 있는데 갈대 가까이 붙여 찌를 세우는 게 좋다. 다리 위로는 땟장수초가 많은데 대부분 땟장수초 주변에서 입질을 받는다. 현지 낚시인들은 지렁이와 글루텐 미끼로 수초 사이를 노리는 직공낚시를 선호한다.

• 기본 정보

위치: 강진군 신전면 사초리와 용화리
주요 시즌: 늦가을~초봄.
평균 씨알: 9치~34cm. 4짜도 종종 낚인다.
외래어종&잡어: 2025년 현재 배스는 서식. 블루길 서식은 불투명하다.

• 추천 미끼

현지 낚시인들은 지렁이와 글루텐 사용 중. 밤낚시 때는 옥수수가 유리. 1박 이상 낚시라면 글루텐 사용한 꾸준한 집어를 추천한다.

• 참고할 점

주차 자리가 적어 소수 인원 출조를 추천. 수로 폭이 좁아 짧은 대가 많이 필요하다.

내비 입력: 강진군 신전면 사초리 700

고흥 거군지

- 전형적인 겨울낚시터로 겨울에는 수중에 말즘이 자라고 있어 깨끗한 바닥을 찾는 것이 관건이다. 2025년 현재 배스가 서식하고 있지만 새우가 채집된다. 바다 물때의 영향을 많이 받는 낚시터다.

거군마을   양수장

수중바위

1.8~2m

2~2.5m

돌무너진 자리. 밑걸림 심함.

1.8~2m

1~2m

본부석 자리로 좋은 곳

0.7~1m

거군수로

0.7~1m

0.7~1m

- 겨울에는 농기계와 농사 차량 통행 많지 않아 주차여건 좋다.

158

1 거군지는 2000년대 초부터 배스가 확산하며 붕어 씨알이 커졌다.
2 거군지에서 거둔 조과를 자랑하는 낚시인들.
3 거군지의 월척 미끼인 새우.

여자만 바다

• 낚시터 프로필

거군지는 여자만 바닷가에 인접한 3면이 제방으로 축조된 각지형 저수지이다. 남양면 오도섬을 기점으로 양쪽 작은 섬 사이를 방조제로 막아 오도간척지가 생기면서 거군지도 함께 만들어졌다. 전형적인 겨울 낚시터로 밤낚시와 낮낚시가 모두 잘되며 겨울에도 얼음이 두껍게 얼지 않는다. 살얼음을 깨고 찌를 세워도 입질을 받아낼 수 있는 겨울 물낚시터다. 거군지 조황이 여의치 않을 때는 인근 거군수로를 공략해 볼 필요가 있다. 거군수로는 거군지 남쪽 제방과 맞닿아 있다. 폭이 30m로 좁지만 낚시가 가능한 구간이 1.5km에 달한다. 연안에 부들이 잘 발달되어 있어 수초치기 낚시도 잘 되는 편이다.

• 기본 정보

위치: 전남 고흥군 남양면 신흥리
만수면적&준공연도: 약 1만2천평
주요 시즌: 본격 시즌은 11월부터이다. 수중에 말즘이 자라 올라올 때부터 봄철 산란기 때 까지.
평균 씨알: 7치급부터 허리급 월척까지 고루 낚인다.
외래어종&잡어: 2025년 현재 살치, 배스가 서식하는 게 확인되었지만 개체 수는 많지 않다.

• 추천 미끼

모든 미끼가 잘 먹힌다. 특히 현지에서 자생하는 새우에 붕어 씨알이 굵게 낚인다.

• 참고할 점

북풍 계열 바람을 막아주는 북쪽 도로변 아래는 제왕산 산자락을 깎으면서 도로를 개설했다. 그때 굴러 떨어진 바위와 돌이 저수지에 많이 수장돼 바닥 상태가 좋지 않다. 밑걸림은 심하지만 이곳이 특급 포인트가 되며 붕어 씨알도 굵게 낚인다.

내비 입력: 고흥군 남양면 신흥리 1209

고흥 성리지

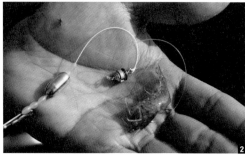

과역면소재지 방면

P

N

두원면소재지 방면

0.8~1.2m

0.8~1.2m

1~1.2m

1~1.5m

• 전반적으로 0.8~1.2m 수심을 보인다.

1 드론으로 촬영한 논둑 코너자리.
2 허리급 붕어를 노릴 때 유리한 새우 미끼.

> • 수심이 얕아 수온 상승이 빠른 관계로 봄 낚시가 빨리 된다. 산란철에는 삭아 쓰러진 부들 언저리를 노리면 빠른 입질을 받을 수 있다. 여름철에는 마름이 빼곡해져 수초제거기 준비가 필수이다.
> • 전역을 차로 돌 수 있고 포인트까지는 도보 진입 수월.

초봄 직공낚시 포인트

• **낚시터 프로필**

고흥군에서 몇 안 되는 생미끼 대물 붕어 낚시터다. 비록 규모는 작지만 허리급 월척 붕어를 많이 품고 있다. 전역에 걸쳐 수초가 많다. 제방 오른쪽 절반 정도가 부들수초로 가득 차 있어 수초낚시나 스윙낚시 등 취향에 맞춰 낚시할 수 있다. 블루길이 유입되어 있지만 개체수는 많지 않다. 평지형에 가까운 저수지로 전반적 수심이 얕은 편이다.

• **기본 정보**

위치: 전남 고흥군 두원면 성두리
만수면적&준공연도: 6천평/1963년
주요 시즌: 여름철에는 마름으로 가득 차 낚시 여건이 나쁘다. 주로 초봄과 마름이 삭아내리는 늦가을부터 결빙이 되기 직전까지의 조황이 좋다.
평균 씨알: 24~28cm 중치급이 주종이지만 수초대를 잘 노리면 허리급 붕어와 간혹 4짜 붕어도 출몰한다.
외래어종&잡어: 블루길이 유입되어 있지만 낚시에 지장을 줄 정도는 아니다.

• **추천 미끼**

현장에서 채집한 새우와 참붕어 미끼에 씨알이 굵게 낚이는 특징을 보인다. 부들이 삭아내린 이른 봄에는 지렁이 미끼가 효율적이다.

• **참고할 점**

제방 우측에 부들수초가 병풍처럼 자라고 있다. 무리하게 수초제거기로 부들을 베어내지 말고 찌를 세울 공간만 확보하는 것이 씨알면에서도 유리하다.

내비 입력: 고흥군 두원면 성두리 74-22

고흥 세동지

N

배수 수문
바위지대
겨울 포인트
2~2

P
P
1.2~1.5m

0.7~1.2m

0.7~1.2m

0.7~1.2m
1~1.

P

P

고흥방면

1 무넘기 인근 수초지대. 가급적 밀생한 수초를 건들지 말아야 굵은 씨알을 만날 수 있다.
2 중치급 붕어를 걸어 손맛을 즐기는 낚시인.
3 세동지에서 낚인 중치권 붕어들.

• 4짜붕어가 마릿수로 낚였던 전형적인 대물터. 하지만 시간이 갈수록 중치급 마릿수터로 바뀌었다. 추운 겨울만 아니라면 하룻밤에 20마리는 거뜬히 낚을 수 있는 마릿수터다. 글루텐과 옥수수가 잘 먹히지만 큰 비가 내린 후에는 지렁이에 굵은 붕어가 잘 낚인다. 좌안 연안에 수초가 잘 발달돼 있다.

5~2.5m
1.5~2.5m
수몰 보조제방
1.5~2.5m
0.7~1m
1~1.2m
무넘기
나로도방면

• 낚시터 프로필

유명 낚시터인 해창만수로의 옥강 상류에 있는 저수지다. 2010년을 전후로 5짜 붕어가 여러 마리 낚이면서 한때 5짜터로 명성을 날렸다. 그러나 2024년 가을낚시부터는 26~29cm 중치급 붕어가 마릿수로 낚이는 '중치급 마릿수터'로 변모했다. 그렇다고 대물 붕어가 전혀 낚이지 않는 것은 아니다. 지금도 4짜 후반급과 허리급 월척이 낱마리로 섞여 낚인다. 15번국도 나로도 방면 가는 길의 제방 좌측 연안이 핵심 포인트이다. 마름과 어리연, 연, 부들, 갈대가 혼재한 곳으로 초봄 산란기부터 마름이 삭아드는 늦가을까지 좋은 포인트가 된다. 하절기에는 제방에서도 수월하게 입질을 받을 수 있지만 보조제방을 넘겨서 찌를 세워야 한다.

• 기본 정보

위치: 전남 고흥군 포두면 세동리
만수면적&준공연도: 12만1천평/1988년
주요 시즌: 본격 시즌은 3월 산란기부터 시작하지만 5월 이후 큰비가 내린 직후부터 지렁이에 4짜 이상의 큰 붕어를 만날 수 있다.
평균 씨알: 25~29cm가 주종이며 간혹 4짜와 5짜가 섞여 낚이는 양상이다.
외래어종&잡어: 1995년 무렵부터 블루길, 배스가 유입돼 서식하고 있다.

• 추천 미끼

모든 미끼가 잘 먹히지만, 비가 내린 직후 흙탕물이 질 때는 지렁이가 특효이다. 그 외 계절에는 글루텐과 옥수수가 잘 먹힌다. 특히 글루텐에 집어가 되면 붕어가 꼬리에 꼬리를 물고 낚이는 특징이 있다.

• 참고할 점

제방 좌측 연안의 수초 군락지에서 낚시할 때는 가급적 수초 제거를 최소화해야 굵은 붕어를 만날 수 있다. 찌만 겨우 설 정도의 작은 구멍만 만들어 찌를 세우는 게 좋다. 북풍 계열 바람을 막아줄 수 있는 북쪽 비봉산 노적봉 아래는 겨울철 명당이지만 쉽게 결빙되는 단점도 있다.

내비 입력: 고흥군 포두면 세동리 1349

고흥 여호지

1.5~2.5m

여호항 방면

2~2.5m

1~1.5m

1.5~2.5m

1.2~1.5m

• 인근 유명 낚시터인 강산수로와 방내지
의 인기에 가려있었다. 외래어종이 유입
되지 않은 토종터로 감잎 사이즈 붕어
부터 4짜붕어에 이르기까지 다양한 씨
알의 붕어를 만날 수 있다. 만수 때는 낚
시 자리가 많이 나오지 않는 게 흠이다.
5월 모내기가 시작되면서 붕어 씨알이
커지며 밤낚시가 잘 된다.

1 여호지 상류에서 낮에 붕어를 낚아내는 장면.
2 여호지에서 낚이는 다양한 씨알의 붕어들.

- 수중에는 말즘이 자생하며 동시에 수면 위에서도 마름이 자생한다. 마름은 빼곡하지 않은 편이라 낚시에는 지장이 없다.
- 현장에서 채집되는 새우나 참붕어를 미끼로 활용하면 붕어 씨알이 더 굵게 낚이는 특징이 있다.
- 여호지 제방 아래에는 여호수로가 있다. 규모는 작아도 감잎 사이즈 붕어부터 4짜 붕어에 이르기까지 다양한 씨알을 만나볼 수 있다.

과역면 방면

• 낚시터 프로필

고흥군의 수많은 낚시터 중 지리적으로 외진 곳에 있어 낚시인들의 발길이 많이 닿지 않는 곳이다. 2024년 여름, 몇몇 낚시인들이 허리급 이상의 대물 붕어를 마릿수로 낚으면서 소문이 났다. 늦가을부터 수중에 말즘이 자라기 시작해 초여름까지는 채비 안착이 어렵다. 부분적으로 비어있는 빈 공간을 찾아 찌를 세워야 한다. 2025년 현재 외래어종이 유입되지 않는 토종터이며 새우나 참붕어 등을 이용한 생미끼 낚시가 가능하다. 상류 쪽은 산으로 형성되어 있어 접근이 어렵지만 5월 이후 모내기철에 한창일 때 배수를 하게 되면 포인트가 많이 나온다. 상류 논자락 밑 포인트와 제방 우측 끝자리가 특급 포인트다. 밤낚시가 잘 되는 낚시터다.

• 기본 정보

위치: 전남 고흥군 점암면 화계리
만수면적&준공연도: 6천평/1979년
주요 시즌: 씨알과 마릿수에서 최고의 시즌은 5월이다. 수중의 말즘이 더욱 자라면서 수면 위에 보이기 시작 할 즈음이다. 이때부터 말즘 무더기의 빈 구멍이 육안으로 보이기 때문에 낚시 여건도 좋아진다. 여름에는 심한 배수로 저수위를 유지해 부진하다가 새물이 차오르면서 붕어의 활성이 좋아진다. 이 호기가 늦가을까지 이어진다.
평균 씨알: 21cm에서 월척까지 고루 낚인다. 큰 씨알은 35~40cm도 종종 낚인다.
외래어종&잡어: 블루길, 배스가 유입되지 않는 토종터.

• 추천 미끼

글루텐과 옥수수 미끼가 잘 먹히는 특징을 보여준다.

내비 입력: 고흥군 점암면 화계리 1126

색인

드론으로 본 남도 대물터

지은이 홍광수
펴낸이 정규도
펴낸곳 황금시간

초판 1쇄 발행 2025년 5월 29일

편집 이영규
표지 정현석 장미연
디자인 김혜령

주 소 413-830 경기도 파주시 문발로 211 다락원빌딩
구입문의 02-736-2031(내선 803)
공급처 (주)다락원 02-736-2031
출판등록 제406-2007-00002호
인터넷 홈페이지 http://darakwon.co.kr

ISBN 979-11-91602-51-7 (03690)
값 22,000원